KB124342

하루 10분 인생 수업

서른과 마흔 사이 인생의 전환점에서 나를 돌아 보다

하루 10분
인생 수업

백미르 지음

다온 길

들어가며

빠르게 변화하는 세상에서 자기 성찰과 자기 계발을 위한 시간을 찾는 것은 종종 극복할 수 없는 도전처럼 느껴질 수 있습니다. 우리는 일상생활에 자연스럽게 녹아들 수 있는 지혜를 갈망하며, 긍정적인 변화를 일으키도록 영감을 주는 짧지만 영향력 있는 교훈을 원합니다. 여러분들에게 이 책이 필요한 이유입니다.

매일 10분의 여유를 가져보세요. 이 책은 아무리 바쁜 일정 속에서도 더 만족스러운 삶을 살 수 있도록 안내하는 나침반 역할이 되어줄 것입니다.

"하루 10분 인생 수업"은 실용적인 지혜를 간결하고 쉽게 읽을 수 있게 되어 있습니다.

이 책을 통해 다양한 주제를 다루는 풍부한 교훈을 만나볼 수 있습니다. 변화를 받아들이고 의미 있는 관계를 형성하는 것부터 자기 관리와 열정 추구에 이르기까지, 이 교훈은 여러분의 길을 밝혀주고 긍정적인 변화를 일으키고 삶을 최대한으로 살아갈 수 있도록 힘을 실어줄 것입니다.

이 책의 힘은 내용뿐만 아니라 실용성에도 있습니다. 아침 커피

타임, 잠자리에 들기 전 조용한 시간, 버스나 지하철을 기다리는 동안에도 일상생활에 자연스럽게 녹아들 수 있습니다. 하루에 10분만 투자하여 이 수업에 집중하면 한 걸음씩 점진적으로 삶을 변화시킬 수 있습니다.

우리는 긴 인생의 여정을 시작하면서 진정한 성장에는 시간이 걸린다는 사실을 기억하여야 합니다. 이 책에 담긴 교훈은 서둘러 읽어야 하는 것이 아니라 천천히 음미하고 숙고해야 하는 것입니다. 이 책에 담긴 지혜를 흡수하여 삶에 적용하고, 작은 것부터 실천하는 습관을 기르세요.

자신의 성장을 위해 투자하는 매 순간이 자신의 웰빙과 행복을 위한 투자라는 것을 알고 자신의 속도에 맞춰 천천히 시작하시면 됩니다.
이 책이 여러분의 개인적인 성장과 성취를 위한 여정에 든든한 동반자가 되기를 바랍니다.

백미르

차례 ◇◇◇◇◇◇××◇◇ ◇◇◇◇◇◇◇◇◇◇◇◇◇◇◇◇◇◇◇◇◇◇◇◇◇◇◇◇◇◇◇◇◇◇◇◇◇◇ ◇◇◇◇◇◇◇◇◇◇

인생이란 무엇인가

인생은 자기계발과 성장의 긴 여정이다. 인생은 경험, 도전, 기회의 역동적인 상호작용으로 우리의 성격을 형성하고 이해의 폭을 넓히며 진정한 잠재력을 실현할 수 있게 해준다.

인생은 우리의 강점, 약점, 열정, 열망을 비추는 거울 역할을 한다. 우리가 누구인지, 무엇을 소중히 여기는지, 무엇이 우리 삶에 의미를 부여하는지에 대한 통찰력을 얻게 된다.

인생은 우리에게 끊임없는 교훈과 배움의 경험을 선사한다. 승리와 좌절, 기쁨과 슬픔, 기복을 헤쳐 나가고, 도전을 받아들이고, 실수로부터 배우는 과정에서 개인적으로 성장한다.

우리의 생각, 감정, 욕구를 탐구함으로써 우리는 진정한 자아에 대한 깊은 이해를 얻게 된다. 우리의 행동을 가치에 맞추고 목적의식과 성취감을 키울 수 있다.

인생은 본질적으로 서로 연결되어 있다. 우리는 사회적 존재이며, 다른 사람들과의 관계에서 변화를 위한 기회를 얻을 수 있다. 이러한 관계를 통해 우리는 인내심, 이해력, 서로 협력하고 지원하는 능력과 같은 자질을 개발할 수 있다.

인생은 지속적인 성장과 자기계발의 과정이다. 이는 진화하고, 시야를 넓히고, 최고의 자신이 될 수 있는 기회이다.

인생은 무한한 가능성과 잠재력으로 가득 찬 선물이다. 우리 자신과 주변 세계에 지속적인 영향을 남기며 나만의 이야기를 그릴 수 있는 하얀 도화지와 같다. 인생의 여정을 받아들임으로써 우리는 삶의 아름다움과 변화의 힘을 발견하고 매 순간을 더 큰 자아실현과 성취를 향한 디딤돌로 삼을 수 있다.

인생은 나만의 모험 속 주인공이 되는 것과 같다. 나만의 캐릭터를 만들어 광활하고 흥미진진한 세계를 탐험하고 있다고 상상해 보자. 이 게임에서 여러분은 선택을 하고, 도전에 직면하고, 모든 종류의 감정을 경험할 수 있다.

게임에서와 마찬가지로 인생은 기복과 우여곡절로 가득하다. 경험, 기회, 놀라움으로 가득한 여정이다. 모든 것이 순조롭게 진행되는 쉬운 레벨을 만나기도 하고, 때로는 자신의 기술과 회복력을 시험하는 어려운 도전에 직면하기도 한다.

하지만 가장 흥미로운 부분은 스토리를 내 마음대로 자유롭게 구성할 수 있다는 점이다. 가고 싶은 길, 착수하고 싶은 퀘스트, 추구하고 싶은 목표를 선택할 수 있다. 새로운 취미를 발견하든, 경력을 쌓든, 관계를 구축하든, 세상에 긍정적인 영향을 미치든, 가능성은 무궁무진하다.

인생은 성장과 배움의 과정이기도 하다. 게임에서와 마찬가지로 처음에는 기본적인 능력으로 시작하지만, 게임을 진행하고 경험을 쌓으면서 새로운 기술을 습득하고 더 나은 능력을 갖추게 된다. 이러한 경험과 교훈을 통해 한 인간으로서 성장하고 자신의 진정한 잠재력을 발견할 수 있다.

이 모험에서 여러분은 혼자가 아니라는 사실을 기억하는 것이 중요하다. 멀티플레이어 게임에서와 마찬가지로 도중에 가족, 친구, 심지어 낯선 사람까지 다른 플레이어를 만나게 된다. 이들은 퀘스트를 함께하거나 지원을 제공하거나 라이벌이 될 수도 있고 다른 플레이어와의 상호작용을 통해 배우고, 경험을 공유하고, 오래도록 기억에 남을 추억을 만들어 나간다.

캐나다의 심리학자이자 교수인 조던 B. 피터슨은 그의 연구를 통해 삶에 대한 다양한 관점을 논의하였다. 관점은 시간이 지남에 따라 진화할 수 있다는 점에 유의하는 것이 중요하지만, 조던 B. 피터슨이 표현한 몇 가지 주제는 다음과 같다.

투쟁과 책임 : 개인적 책임의 중요성과 인생에 내재된 투쟁의 중요성을 강조한다. 그는 개인이 도전을 피하기보다는 도전에 직면하고 헤쳐나가야 한다고 말한다.

균형과 질서 : 인생에서 혼돈과 질서 사이의 균형을 찾는 것이 중요하다고 강조한다. 질서는 안정감, 체계, 의미감을 가져다주기 때문에 개인이 자신의 삶에서 질서를 확립하기 위해 노력해야 한다고 말한다.

의미와 목적 : 인간 존재의 중심적인 측면으로 의미와 목적을 찾는 것을 강조한다. 그는 개인이 의미 있다고 생각하는 것에 맞춰 자신의 행동을 조정하고 더 높은 목적을 향해 노력해야 한다고 말한다.

자기계발 : 개인 개발과 지속적인 개선의 중요성을 강조한다. 그는 개인이 자신의 취약한 부분을 파악하고 자기계발을 위해 노력할 것을 권장한다.

개성과 진정성 : 개성의 가치를 강조하고 개인이 자신을 진정성 있게 표현하도록 장려한다. 그는 자신만의 고유한 재능, 관심사, 가치관을 포용하고 사회적 압력에 순응하라하지 말고 저항할 것을 옹호한다.

도덕적 프레임워크 : 도덕적 틀을 개발하고 윤리적 선택을 하는 것의 중요성에 대해 이야기한다. 그는 개인적 가치, 사회적 가치, 개인 및 집단적 행복의 잠재력 사이의 관계를 탐구한다.

★☆★ 요점정리

인생은 자기 발견과 개인적 성장을 위한 변화의 여정입니다. 경험을 통해 배우고, 회복력을 기르고, 자기 인식을 높일 수 있는 기회를 제공하고 도전을 받아들이고, 행동과 가치를 일치시키며, 지속적으로 개선하기 위해 노력함으로써 우리는 목적이 있고 성취감 있는 존재의 잠재력을 발휘할 수 있습니다. 인생은 소중히 여겨야 할 선물입니다.

내가 진정으로
원하는 것은 무엇일까

인생에서 우리의 진정한 욕망, 열정, 열망에 대한 성찰과 탐구를 유도하는 심오한 질문이다.

스스로에게 이 질문을 던지는 것은 자기 발견과 자기 인식의 여정에 불을 붙인다. 이 질문은 우리의 가치, 강점, 타고난 재능을 살펴보도록 유도하고 마음과 영혼을 깊이 파고들면 무엇이 진정으로 우리에게 기쁨과 성취감, 의미 있는 삶을 가져다주는지 명확하게 알 수 있다.

우리가 진정으로 원하는 것을 발견하려면 내면의 목소리에 적극적으로 귀를 기울여야 한다. 자신에게 솔직해지고, 외부의 판단이나 비교를 제쳐두고, 우리 고유의 열망을 포용하는 것이 포함된다. 자기 연민과 신뢰를 키움으로써 우리는 내면의 지혜에 접근하고 우리의 욕망을 진정한 자아와 일치시킬 수 있다.

또한, 우리가 진정으로 원하는 것이 무엇인지 이해하면 의미 있는 목표를 설정하고 목적 중심의 길로 나아갈 수 있게 도와준다. 이는 우리의 열정과 가치에 부합하는 선택을 할 수 있도록 힘을 실어주며, 우리의 가장 깊은 열망과 공명하는 삶을 만들어 준다. 진정한 욕망을 추구함으로써 우리는 깊은 목적의식, 열정, 성취감을 느낄 수 있다.

그러나 우리의 욕망은 시간이 지남에 따라 변화할 수 있음을 인식하는 것이 중요하다. 자기 성찰과 자기 인식은 이러한 변화를 탐색하고 그에 따라 목표와 열망을 조정하는 데 도움이 된다. 이는 자기 발견과 개선의 지속적인 과정으로, 우리의 욕망을 진화하는 자아에 맞출 수 있게 해준다.

이 질문을 받아들임으로써 우리는 명확성, 진정성, 그리고 열정을 추구하고 우리의 가장 깊은 열망을 반영하는 삶을 창조할 수 있는 용기를 얻게 되고 이를 통해 우리는 의도적으로 살아가며 기쁨과 성취감, 심오한 의미감을 가져다주는 선택을 할 수 있게 된다.

맛있는 간식들이 진열되어 있는 마법의 사탕 가게에 있다고 상상해 봅시다. 알록달록한 사탕, 군침이 도는 초콜릿, 온갖 종류의 달콤한 디저트가 진열되어 있습니다. 둘러보면서 여러분은 큰 질문에 직면하게 됩니다. 여러분은 정말 어떤 간식을 원하시나요?

인생은 사탕 가게와 비슷합니다. 수많은 옵션과 선택지가 있는 큰 모험이며, 때때로 우리가 진정으로 원하는 것이 무엇인지 파악하기 어려울 수 있습니다. 하지만 걱정하지 마세요. 이 달콤한 여정을 함께 헤쳐나갈 수 있으니까요!

먼저, 무엇이 진정으로 행복하고 성취감을 느끼게 하는지 생각해 봅시다. 초콜릿의 달콤함을 갈망하는 사람들이 있듯이, 우리 모두는 저마다 독특한 욕망과 열정을 가지고 있습니다. 꿈에 그리던 직업을 추구하거나, 세계를 여행하거나, 새로운 기술을 배우거나, 다른 사람을 돕거나, 심지어 아름다운 예술 작품을 만드는 것일 수도 있습니다. 무엇이 여러분에게 특별한 설렘과 기쁨을 선사하나요?

이제 마법의 사탕 제조 기계가 있다고 상상해 봅시다. 이 기계는 원하는 모든 간식을 만들 수 있습니다. 하지만 재료와 시간이 제한되어 있다는 점이 문제입니다. 한 번에 모든 것을 가질 수는 없습니다. 따라서 우선순위를 정하고 가장 원하는 것을 선택해야 합니다.

마찬가지로 인생에서도 시간과 자원은 한정되어 있습니다. 모든 것을 한꺼번에 할 수는 없습니다. 자신에게 진정으로 중요한 것이 무엇인지 파악하고 그 일에 에너지를 집중하는 것이 중요합니다. 마치 사탕 가게 진열대에서 좋아하는 사탕을 고르는 것과 같습니다.

하지만 고려해야 할 또 다른 중요한 사항은 시간이 지남에 따라 선택이 바뀔 수 있다는 점입니다. 미각이 진화할 수 있는 것처럼, 욕망과 열망도 성장하고 새로운 것을 경험하면서 진화할 수 있습니다. 오늘은 젤리 곰이 먹고 싶지만 내일은 막대사탕이 먹고 싶을 수도 있습니다.

따라서 다양한 것을 탐색하고 시도해보는 것은 괜찮습니다. 인생은 자신에게 진정으로 공감하는 것을 발견하는 것입니다. 좋아하는 사탕을 찾을 때까지 여러 가지 사탕을 먹어보는 미각 모험을 떠나는 것과 같습니다.

때로는 자신이 진정으로 원하는 것이 무엇인지 알아내기 위해 약간의 탐색이 필요할 때도 있습니다. 자신의 가치와 열정, 그리고 목적의식을 불러일으키는 것이 무엇인지 생각해보는 시간을 가져보세요. 사탕을 천천히 음미하며 모든 맛과 질감을 즐기는 것과 같습니다.

자신이 진정으로 원하는 것은 다른 사람이나 사회의 기대에 의해 정의되는 것이 아니라는 점을 기억하세요. 자신의 욕구에 귀를 기울이고 자신만의 고유한 길을 따르는 것이 중요합니다. 다른 사람이 사탕을 대신 고르게 하지 않는 것처럼, 인생에서 원하는 것을 다른 사람이 결정하도록 내버려 두지 마세요.

그러니 사탕 애호가 여러분, 인생의 달콤함을 받아들여 보세요. 자신의 욕망을 탐색하고, 자신에게 진정으로 중요한 것의 우선순위를 정하고, 그 과정에서 선택을 바꾸는 것을 두려워하지 마세요. 자신이 진정으로 원하는 것이 무엇인지 발견하면 성취감과 기쁨, 그리고 사탕 가게에서 가장 좋아하는 과자처럼 맛있는 삶을 발견하게 될 것입니다.

★☆★ 요점정리

'내가 진정으로 원하는 것이 무엇일까?'라고 질문하면 자신의 열정과 가치에 부합하는 선택을 할 수 있습니다. 성취감 있는 직업을 추구하고, 진정한 관계를 추구하며, 진정한 욕구에 기반한 자기계발에 투자하도록 장려합니다.

자아인식을 기르고 가치관을 탐구하며 독특한 장점과 열망을 받아들입니다. 자기인식을 향상시키고, 가치관을 발견하며, 내 독특한 장점과 열망, 의도에 일치하는 삶을 만들어 내기 위해 자각적인 선택을 하고 의도적으로 나아갑니다.

이 질문을 받아들이면 의미 있고, 즐겁고, 진정한 열망에 부합하는 삶을 살 수 있습니다.

평범한 인생은 이제 그만!

현재의 평범함에 만족하지 않고 자신의 잠재력을 최대한 발휘하여 삶의 다양한 측면에서 위대함을 성취하고자 하는 개인의 마음가짐을 반영한다.

성장, 탐구, 목적에 대한 마음가짐을 받아들이고 성취감과 개인적인 의미가 결여된 삶에 안주하지 말라는 강력한 알림 역할을 한다.

평범한 환경에 안주하는 것을 거부하고 지속적인 개선과 개인적 성장을 추구한다. 평범함의 한계에서 벗어나 비범한 성취를 추구하고자 하는 사람들이 좌우명이나 구호로도 자주 사용된다. 이 사고방식은 탁월함을 추구하고, 높은 기준을 설정하며, 새로운 높이에 도달하기 위해 스스로 도전하는 것을 강조한다.

이런 마음가짐을 가진 사람들은 현 상태를 뛰어넘어 자신이 선택한 분야에서 탁월함을 발휘하기 위해 노력한다. 이들은 안일함과 평범함을 거부하고 도전을 받아들이며 자신의 한계를 뛰어넘어 탁월한 성과를 달성하기 위해 노력한다. 이러한 사고방식은 야망, 탄력성, 결단력, 끊임없는 자기계발 추구와 같은 자질과 관련이 있는 경우가 많다.

또한 평범한 인생을 살지 않는다는 것은 개인적인 성장과 자기계발을 평생의 목표로 삼는다는 것을 의미한다. 나의 기술, 지식, 인성을 지속적으로 배우고 발전시키며 다듬어 나가겠다는 이야기이다. 자기 계발에 투자함으로써 진정한 잠재력을 발휘하고, 성장 마인드를 함양하며, 인생의 복잡성과 도전을 헤쳐 나갈 수 있는 준비를 갖추게 된다.

평범한 인생을 살지 않기로 선택하려면 깊은 자기 인식과 진정성을 키우는 것도 필요하다. 이는 내면의 목소리에 귀 기울이고, 가치를 존중하며, 진정한 자신과 일치하는 삶을 사는 것을 의미한다. 진정성을 받아들임으로써 진정한 관계를 형성하고, 내 열망에 공감하는 기회를 끌어들이며, 깊은 의미와 성취감을 느끼는 삶을 창조할 수 있다.

평범한 인생에 안주하지 않는다는 것은 타인과 주변 세계에 긍정적인 영향을 미치는 것을 의미한다. 이는 인류가 서로 연결되어 있음을 인식하고 타인의 안녕에 대한 책임을 지는 것을 의미한다. 도움이 필요한 사람들에게 친절과 연민, 지원을 베풂으로써 보다 조화롭고 자비로운 세상을 만드는 데 기여한다.

제 존재의 모든 측면에서 용기 있고, 목적 지향적이며, 의도적인 사람이 되도록 영감을 준다. 성장을 추구하고, 진정성을 수용하며, 의미 있는 변화를 만들어야 한다는 것을 끊임없이 상기시켜 준다.

◇◇◇

1. 새로운 경험 수용하기 : 똑같은 일상을 고수하는 대신 새로운 것을 시도할 수 있는 기회를 적극적으로 찾아보자. 하이킹 코스를 탐험하거나 새로운 취미를 시도하거나 즉흥적으로 여행을 떠나는 등 간단한 것부터 시작해보자. 새로운 것을 받아들이고 안전지대를 벗어나면 삶에 모험과 성장의 감각을 불어넣을 수 있다.

2. 열정 추구 : 자신의 진정한 관심사와 재능을 억누르기보다는 인생에서 우선순위를 정하자. 예를 들어, 그림에 대한 열정이 있다면 시간을 쪼개어 예술적 활동에 참여해보고, 미술 수업을 듣거나, 지역 행사에 참여하거나, 관심있는 동호회에 참여하여 활동할 수도 있다.

3. 지속적인 학습과 개인적 성장 : 이미 알고 있는 지식에 안주하지 않고 지식과 기술을 확장할 수 있는 기회를 적극적으로 찾아보자. 여기에는 책을 읽거나, 워크숍이나 세미나에 참석하거나, 관심 있는 분야의 온라인 강좌를 수강하는 것이 될 수 있다. 평생 학습에 전념함으로써 끊임없이 발전하고, 이해의 폭을 넓히고, 새로운 가능성을 열어갈 수 있다.

4. 진정성과 자기표현 : 사회적 기대에 순응하거나 자신의 진정한 자아

를 억누르는 대신 자신의 진정성을 받아들이자. 여러분은 자신의 의견, 가치관, 고유한 자질을 공개적이고 정직하게 표현한다.

5. 긍정적인 영향력 : 개인의 성공에만 집중하는 대신 다른 사람과 세상의 행복에 기여할 수 있는 방법을 적극적으로 모색해보자. 여기에는 관심 있는 자원봉사를 하거나, 주변 사람들에게 친절하고 자비로운 사람이 될 수 있는 방법을 찾는 것이 포함될 수 있다. 작은 방법이라도 긍정적인 영향을 미치면 선한 파급 효과를 일으키고 다른 사람들도 같은 행동을 하도록 영감을 줄 수 있다.

이러한 일상의 예는 어떻게 실제 행동으로 이어질 수 있는지 보여준다. 새로운 경험을 받아들이고, 열정을 추구하고, 개인적인 성장을 도모하고, 진정성 있게 생활하고, 긍정적인 영향을 미치면 삶에 목적과 의미, 비범한 삶의 감각을 불어넣을 수 있다.

★☆★ 요점정리

성장을 포용하고, 열정을 추구하며, 웰빙(well-being)을 우선시하고, 의미 있는 관계를 추구하고, 긍정적인 영향을 미치라는 것입니다. 이러한 원칙을 실천하면 평범함을 뛰어넘어 탁월함, 목적, 성취감으로 가득 찬 삶을 만들 수 있습니다.

삶의 우선순위를 정하자

개인적인 삶의 여정에서 매우 중요한 의미를 지니고 있다. 이는 저에게 가장 중요하고 의미 있는 삶의 영역에 의식적으로 시간, 에너지, 자원을 할당하는 의도적인 행위를 포함한다. 의도적인 선택을 하고 내 행동을 내 가치, 열정, 목표에 맞추는 것이다.

삶의 우선순위를 정한다는 것은 핵심 가치를 이해하고 진정으로 중요한 것이 무엇인지 파악하는 것을 의미한다. 또한 무엇이 저에게 기쁨과 성취감, 목적의식을 가져다주는지 생각해보는 시간을 갖는 것도 포함된다. 우선순위가 명확해지면 정보에 입각한 결정을 내릴 수 있고, 전반적인 웰빙(well-being)과 성장에 가장 큰 영향을 미치는 삶의 측면에 집중할 수 있다.

경계를 설정하고 우선순위에 맞지 않는 약속이나 활동에 대해 거절하는 법을 배우는 것을 의미한다. 이를 위해서는 시간과 에너지를 어떻게 사용하는지 염두에 두어야 하며, 목표를 지원하고 자기 계발을 촉진하는 방식으로 이루어져야 한다. 중요하지 않은 일을 거절함으로써 삶의 본질적인 측면이 확장할 수 공간을 확보한다.

일, 인간관계, 자기 관리, 개인적 성장 등 다양한 영역 간에 균형을 맞추는 것이 필요하다. 그러기 위해서는 각 측면이 제자리를 차지하고 주목할 만한 가치가 있음을 인식해야 한다. 이러한 영역에 의식적으로 시간과 자원을 배분함으로써 균형 잡히고 만족스러운 삶을 가꿀 수 있다.

자기 관리와 자기 연민을 포용한다는 의미이기도 하다. 여기에는 신체적, 정신적, 정서적 웰빙(well-being)을 키우는 것의 중요성을 인식하는 것이 포함된다. 운동, 휴식, 의미 있는 여가 활동과 같은 자기 관리의 우선순위를 정함으로써 개인의 성장이 번창할 수 있는 건강한 토대를 유지할 수 있다.

삶의 우선순위를 정하면 목표를 설정하고 이를 달성하기 위해 의도적인 행동을 취하도록 장려해야 한다. 큰 목표를 관리 가능한 단계로 세분화하고 진전을 이루기 위해 시간과 노력을 투자하는 것이 포함된다. 우선순위에 집중함으로써 개인적, 직업적 발전을 향해 의미 있는 진전을 이루고, 기술을 향상시키고, 열망을 실현할 수 있다.

궁극적으로 삶의 우선순위를 정하는 것은 자기 성찰, 자기 인식, 의도적인 행동의 연속적인 과정이다. 이를 통해 더 큰 목적, 성취감, 가치관에 부합하는 삶을 살 수 있다. 의식적인 선택을 하고 진정으로 중요한 것에 투자함으로써 진정한 자아를 반영하고 개인적인 성장과 행복, 깊은 의미로 이어지는 삶을 만들어갈 수 있다.

"삶의 우선순위를 정하자."

우리는 우선순위의 중요성과 그것이 어떻게 우리가 특별한 삶을 창조할 수 있도록 힘을 실어줄 수 있는지 이해하여야 한다.

먼저 우선순위의 진정한 의미를 먼저 이해해 보자. 우선순위는 우리에게 가장 중요한 것을 식별하고 순위를 매기는 의식적인 행위이다. 이는 의도적인 선택을 하고 우리의 가치와 목표에 맞춰 시간, 에너지, 자원을 할당하는 것이다.

삶의 우선순위를 효과적으로 정하기 위해서는 먼저 내가 누구인지, 나에게 진정으로 중요한 것이 무엇인지 정의하는 원칙인 핵심 가치를 파악해야 한다. 다음은 핵심 가치를 발견하는 데 도움이 되는 재미있고 쉽게 따라할 수 있는 몇 가지 방법이다.

성찰하기 : 인생에서 가장 활기차고 성취감을 느끼며 진정한 자신과 일치한다고 느꼈던 순간을 되돌아보는 시간을 가져보자. 그 순간에는 어떤 가치가 존재했나요?

버킷 리스트 : 일생 동안 꼭 해보고 싶은 경험의 '버킷 리스트'를

작성해 보자. 이 경험들은 어떤 가치를 상징하나요?

의미 있는 대화 : 신뢰할 수 있는 친구나 가족과 가장 중요한 자질과 가치에 대해 대화를 나누어 보자.

핵심 가치에 대해 더 명확하게 이해했으니 이제 시간과 에너지의 우선순위를 정하기 위한 실용적인 전략을 살펴보자.

최우선 순위 파악 : 한 걸음 물러나서 자신의 핵심 가치와 가장 밀접하게 연관된 몇 가지 핵심 영역을 결정하자. 여기에는 인간관계, 경력, 개인적 성장, 건강, 창의적 추구 등이 포함될 수 있다.

경계의 설정 : 진정으로 중요한 일에는 '예'라고 말하고, 우선순위에 맞지 않는 활동이나 약속에는 '아니오'라고 말하는 법을 배워보자. 경계를 설정하면 진정으로 중요한 일에 시간과 에너지를 보호할 수 있다.

세분화 : 최우선순위를 파악한 후에는 실행 가능한 단계로 세분화하고 현실적인 목표를 설정하자. 이러한 접근 방식은 한 번에 한 단계씩 삶의 의미 있는 영역에서 진전을 이루는 데 도움이 된다.

인생은 섬세한 균형을 잡는 행위이며, 다양한 우선순위 사이에서 조화를 찾는 것이 중요하다. 다음은 균형을 유지하기 위한 몇 가지 팁이다.

자기 관리 실천 : 육체적, 정신적으로 자신의 웰빙 (well-being) 을 우선시해야 한다. 재충전과 활력을 주는 활동에 시간을 할애하여 다른 우선순위를 추구할 수 있는 에너지를 확보하자.

위임과 지원 : 필요할 때 도움을 요청하거나 업무를 위임하는 것을 두려워하지 말아야 한다. 다른 사람에게 의지하고 여러 우선순위를 탐색하는 데 도움이 되는 지원 시스템을 구축하는 것도 괜찮다는 점을 기억하자.

정기적인 평가 : 정기적으로 우선순위를 평가하고 필요에 따라 조정하여야 한다. 인생은 역동적이며, 오늘 중요했던 일이 내일은 바뀔 수도 있다. 특별한 삶을 추구하기 위해 유연성과 적응력을 유지하자.

삶의 우선순위를 정하는 것은 의도를 가지고 살아가고, 가치에 맞게 행동을 조정하며, 목적과 성취가 있는 삶을 만들 수 있게 해주는 강력한 도구이다. 핵심 가치를 발견하고, 의도적인 선택을 하고, 우선순위의 균형을 맞추면 진정한 자아를 반영하는 특별한 삶을 설계할 수 있다.

삶의 우선순위를 정하는 개념을 설명하는 예를 들어보자.

수지가 자신의 커리어와 개인적 웰빙(well-being)을 모두 중요하게 생각하는 직장인이라고 가정해 봅시다. 그녀는 균형과 성취감을 유지하기 위해 삶의 우선순위를 정하는 것이 중요하다는 것을 잘 알고 있습니다. 수지는 이 개념을 일상생활에 어떻게 적용하는지 확인해 보겠습니다.

핵심 가치 파악 : 수지는 자신의 가치관을 되돌아보고 가족 및 친구들과의 돈독한 관계를 유지하는 것이 자신에게 중요하다는 것을 깨닫습니다. 그녀는 함께 저녁 식사를 하거나 주말 나들이를 가거나 정기적인 전화 통화를 하는 등 사랑하는 사람들과 정기적으로 좋은 시간을 보내는 것을 우선순위로 삼습니다.

경계 설정 : 수지는 일과 삶의 균형의 중요성을 잘 알고 있습니다. 그녀는 개인 시간에는 업무와 관련된 활동을 피함으로써 경계를 설정합니다. 추가 근무 요청이 들어오면 개인적인 우선순위에 따라 평가하고 필요하고 관리 가능한 경우에만 추가 업무를 맡습니다.

일과 개인 생활 균형 유지 : 수지는 자기 관리와 휴식을 위해 시간을 할애합니다. 그녀는 매주 요가 수련, 산책, 취미 활동 등 자신에게 기쁨과 활력을 주는 활동을 위해 시간을 할애합니다. 수지는 자기 관리에 우선순위를 둠으로써 직장 생활에서 좋은 성과를 낼 수 있는 에너지와 정신적 건강을 확보합니다.

자기 관리 : 수지는 전반적인 웰빙(well-being)을 위해 자기 관리가 중요하다는 것을 잘 알고 있습니다. 충분한 수면을 취하고 영양가 있는 식사를 하며 심신에 영양을 공급하는 활동에 참여하는 것을 우선순위로 삼습니다. 업무 중 틈틈이 스트레칭, 명상, 심호흡 운동을 하며 재충전과 집중력 유지를 위해 휴식을 취하기도 합니다.

목표 설정 : 수지는 개인적, 직업적 성장에 맞춰 구체적인 목표를 설정합

니다. 예를 들어, 그녀는 새로운 언어를 배우겠다는 목표를 설정합니다. 그녀는 어학 수업에 등록하고, 정기적인 학습 시간을 할애하고, 원어민과의 대화 연습을 통해 언어에 몰입하는 등 작은 단계로 목표를 세분화합니다. 수지는 목표의 우선순위를 정함으로써 일관된 행동을 취하고 그 과정에서 개인적인 성장을 경험합니다.

위의 사례에서 수지는 삶의 우선순위를 정하는 개념을 실제적인 방식으로 적용하는 방법을 보여줍니다. 자신의 가치관을 파악하고, 경계를 설정하고, 일과 개인 생활의 균형을 맞추고, 자기 관리를 실천하고, 목표를 추구함으로써 그녀는 의미 있고 성취감을 느끼며 진정한 자신과 일치하는 삶을 만들어 갑니다.

★☆★ 요점정리

무엇이 기쁨, 성취감, 목적의식을 가져다주는지 생각해보고, 개인의 핵심 가치에 대한 명확성을 확보합니다.

우선순위에 맞지 않는 약속과 활동에 대해 거절하는 방법을 배워 진정으로 중요한 일을 위한 공간을 확보합니다.

업무, 인간관계, 자기 관리, 개인적 성장 등 삶의 다양한 영역에 시간과 리소스(resource)를 할당하여 삶의 균형을 잡아야 합니다.

운동, 마음챙김(Mindfulness), 휴식 등의 실천을 통해 신체적, 정신적, 정서적 웰빙(well-being)에 우선순위를 둔다.

목표를 관리 가능한 단계로 세분화하고 목표 달성을 위해 노력해 봅니다.

가치관을 명확히 하고, 경계를 설정하고, 균형을 이루고, 자기 관리를 수용하고, 개인적인 목표를 향해 의도적인 행동을 취하는 것을 포함합니다. 우선순위에 따라 선택을 조정하고 진정으로 중요한 것에 투자함으로써 진정한 자아를 반영하는 성취감 있고 목적이 있는 삶을 가꿀 수 있습니다.

살면서 일희일비하지 마라

인생의 어려움에 직면했을 때 정서적 평형을 유지하는 것의 중요성을 강조한다. 급변하는 감정은 종종 스트레스 (stress) , 혼란, 충동적인 의사 결정으로 이어질 수 있다. 정서적 안정을 위해 노력함으로써 우리는 명확하고 내면의 평온함에서 상황에 대응할 수 있는 힘을 얻게 된다.

또한, 자기 인식을 키우는 것은 우리의 감정 패턴과 유발 요인을 이해하는 데 필수적이다. 자기 성찰과 마음챙김 (Mindfulness) 을 통해 우리는 감정적 환경에 대한 통찰력을 얻고, 감정이 압도될 때를 인식하며, 균형을 되찾기 위한 능동적인 조치를 취할 수 있다.

정서적 균형을 수용하고 자기 인식을 키움으로써 우리는 정서적 웰빙 (well-being) 을 향상하고 다른 사람들과의 관계를 개선할 수 있다. 이를 통해 우리는 더 큰 회복탄력성을 가지고 삶의 사건에 접근하고, 더 많은 정보에 의한 선택을 할 수 있으며, 혼란의 시기에도 내면의 조화로운 감각을 유지할 수 있다.

다양한 감정을 경험하는 것은 괜찮지만, 안정과 자기 인식을 위해 노력함으로써 개인의 성장과 성취를 촉진하는 꾸준함으로 인생의 우여곡절을 헤쳐나갈 수 있는 힘을 기를 수 있다.

"살면서 일희일비하지 마라"

회복탄력성, 웃음, 긍정적인 사고방식의 힘을 받아들일 준비를 하자.

인생은 기복과 우여곡절이 있는 롤러코스터를 타는 것과 같다. 때로는 인생이 우위에 있는 것처럼 보일 수도 있지만, 우리에게는 그 굴곡과 곡선을 헤쳐나갈 힘이 있다.

회복탄력성은 삶이 우리에게 던져주는 어려움에 맞설 수 있는 우리의 비밀 무기이다. 재미있고 쉽게 접근할 수 있는 방법으로 회복탄력성을 기르는 방법을 알아보자.

관점의 힘 : 긍정적인 사고방식을 채택하고 도전을 성장의 기회로 재구성해 보자. 좌절을 성공을 향한 디딤돌로 여기고 '할 수 있다'는 태도를 갖는 것이 중요하다.

항상 웃자 : 웃음이야말로 최고의 명약이다. 유머를 생활에 접목

하고, 큰 기쁨도 중요하지만 사소한 것에서 기쁨을 찾는 연습을 해 보자.

인생의 어려움에 직면했을 때 자신을 돌보는 것은 매우 중요하다. 재충전과 회복탄력성을 유지하는 데 도움이 되는 몇 가지 접근 가능한 자기 관리 방법을 살펴보자.

마음 챙김 : 심호흡이나 명상과 같은 마음챙김 (Mindfulness) 연습을 통해 마음의 중심을 잡고, 스트레스 (stress) 를 줄여보는 시간을 가져보자.

열정 추구 : 기쁨을 주고 창의력을 자극하는 활동에 참여해보자. 취미, 스포츠 또는 내면의 힘을 재충전하고 활용할 수 있는 모든 형태의 자기表現이 될 수 있다.

축하하기 : 아무리 작은 성과라도 인정하고 축하하자. 진행 상황과 이정표에 집중함으로써 앞으로의 도전에 맞설 수 있는 자신감과 회복력을 키울 수 있다.

삶은 끊임없이 진화하고 있으며, 변화를 수용하는 것은 변화에 뒤처지지 않기 위한 중요한 부분이다. 변화를 수용하고 이를 성장의 촉매제로 활용하는 방법을 살펴보자.

기회 : 불확실성을 성장과 자기 발견의 기회로 삼자. 안전지대에

서 벗어나 계산된 위험을 감수하고 새로운 가능성을 탐색해 보자.

학습 : 평생 학습은 개인 성장의 핵심이다. 호기심을 유지하고 새로운 지식을 추구하며 다양한 관점에 열려 있어야 한다.

목적 : 자신의 열정을 발견하고 이를 더 큰 목적과 연계해 보자. 우리가 하는 일에서 의미를 찾을 때, 우리는 앞으로 나아갈 수 있는 회복탄력성과 결단력을 키울 수 있다.

인생은 도전으로 가득 차 있지만 우리에게는 이를 극복할 수 있는 힘이 있다. 회복탄력성을 기르고, 자기 관리를 수용하고, 변화와 성장을 포용함으로써 우리는 인생의 장애물을 극복하고 장애물이 우리를 지배하지 못하도록 막을 수 있다.

◇◇◇

정서적 균형과 자기 인식을 위해 노력한다는 개념이 실제로 어떻게 적용되는지 확인해 보자.

직장에서 중요한 프로젝트를 진행하던 중 상사로부터 예상치 못한 피드백을 받았다고 가정해 봅시다. 처음에는 좌절감과 실망감이 밀려올 것입니다. 감정적 균형이 깨지면 충동적으로 반응하여 방어적이 되거나 낙담할 수 있습니다.

먼저, 충동적인 감정을 잠시 가라앉히고 인식하는 시간을 갖습니다. 초기의 좌절감과 실망감을 인정하지만 이러한 감정이 판단력을 흐리게 할 수 있음을 스스로에게 상기시킵니다. 자기 인식을 키우면 자신의 감정 상태에 대한 통찰력을 얻고 감정이 자신을 압도하는 것을 방지할 수 있습니다.

다음으로, 의식적으로 감정적 평형을 유지해 봅시다. 몇 번 심호흡을 하며 마음을 진정시키고 평정심을 되찾습니다. 이렇게 하면 균형 잡힌 감정 상태로 상황에 접근하는 데 도움이 됩니다.

이제 정서적 안정과 자기 인식으로 무장하고 상사와 대화를 나누어 보세요. 방어적으로 반응하거나 화를 내는 대신 피드백을 주의 깊게 경청하고 필요한 경우 명확한 질문을 던져 봅니다. 초기의 감정적인 반응에서 벗어나 객관적으로 피드백을 받을 수 있을 것입니다. 이를 통해 보다 생산적인 대화를 나누고, 상사의 관점을 이해하며, 해결책이나 개선점을 찾기 위해 협력할 수 있습니다.

감정적으로 대응하지 않고 마음을 다스리는 연습을 통해 탄력적으로 상황을 헤쳐 나갈 수 있습니다. 급변하는 감정에 휩쓸리는 것을 방지하여 보다 효과적인 커뮤니케이션 (communication) 이 가능합니다.

★☆★ 요점정리

삶의 어려움을 탄력적으로 헤쳐 나가기 위해 정서적 균형과 자기 인식을 위해 노력해보세요. 감정의 안정을 유지하고 발생 요인을 이해하면 상황에 침착하게 대응하고 다양한 정보에 따라 결정을 내릴 수 있습니다. 이러한 사고방식을 수용하면 정서적 웰빙(well-being)을 증진하고 관계를 개선하며 개인적인 성장을 촉진할 수 있습니다.

지나간 시간은 한 번
떠나면 돌아오지 않는다

시간의 가치와 현재의 순간을 포착하는 것의 중요성을 이야기한다. 기회를 받아들이고, 시간을 최대한 활용하며, 능동적인 사고방식을 기르는 것의 중요성을 강조한다.

시간의 유한한 속성과 시간이 지나가면 다시 되돌릴 수 없다는 사실을 이야기한다.

"대체할 수 없는 시간의 본질을 인식하고 그 힘을 활용하여 개인의 성장과 성취감을 형성해 보자. 시간은 한 번 흘러가면 다시 되돌릴 수 없으므로 현재의 순간을 받아들이고, 의미 있는 일에 우선순위를 정해 보자."

시간의 중요성

현재의 순간을 받아들이자 : 과거나 미래에 집착하는 대신 현재에 감사하고 온전히 몰입하는 법을 배워보자. 마음챙김 (Mindfulness) 을 통해 경험에 온전히 집중함으로써 우리는 더 깊은 관계를 맺고, 자기 인식을 높이며, 현재의 삶에 대해 감사함을 가져야 한다.

의미 있는 일에 우선순위를 두자 : 시간은 소중한 자원이며, 우리의 가치와 열망에 맞게 행동을 조정하는 것이 중요하다. 자신의 열정을 파악하고, 의미 있는 목표를 설정하고, 자신에게 진정으로 중요한 일의 우선순위를 정함으로써 개인의 성장과 성취에 기여하는 활동에 시간과 에너지를 투자할 수 있다.

열망을 향한 행동 : 시간의 덧없음을 인식하면 꿈과 야망을 향해 행동에 옮길 동기가 생긴다. '완벽한' 순간을 미루거나 기다리기보다는 매 순간이 목표에 더 가까이 다가갈 수 있는 기회라는 것을 이해해야 한다.

관계와 경험 : 시간은 다른 사람과의 관계와 우리가 공유하는 경험에 중요한 역할을 한다. 시간의 가치를 이해하면 관계를 발전시키고, 의미 있는 추억을 만들고, 사랑하는 사람들과 함께 기쁨과 성장의 순간을 음미하는 데 우선순위를 두게 된다.

시간은 대체할 수 없다. 우리는 사용하는 방식에 있어 보다 의도적으로 시간을 사용하게 되고, 자신의 가치, 열정, 개인적 성장 열망에 부합하는 활동과 추구에 시간을 투자할 수 있게 된다. 시간의 힘을 받아들임으로써 우리는 보다 성취감 있고 목적 중심의 삶을 살 수 있다.

"지나간 시간은 한 번 떠나면 돌아오지 않는다"

현재를 받아들이는 것이 어떻게 우리의 삶을 변화시킬 수 있는지 확인해보자.

위의 문구를 제대로 이해하려면 먼저 현재 순간의 가치를 이해해야 한다. 현재야말로 우리가 가진 전부이며, 행동을 취하고, 추억을 만들고, 미래를 설계할 수 있는 유일한 시간이기 때문이다.

때때로 우리는 꿈, 관계, 열망을 미룰 수 있는 시간이 항상 더 있을 것이라고 믿는 함정에 빠질 때가 있다. 하지만 시간은 유한하며 인생의 여정은 덧없는 경험이라는 것이다. 지나가는 매 순간은 당연하게 여겨서는 안 되는 소중한 기회이다.

시간의 가치를 받아들이고 매 순간을 최대한 활용하는 데 도움이 되는 몇 가지 개념을 살펴보자.

카르페 디엠 : 오늘을 잡으세요! 라틴어로 '카르페 디엠'이라는 문구를 통해 현재의 순간을 소중히 여기고 의미 있게 보내자는 의미를 되새겨 보자. 매일 새로운 가능성과 모험이 여러분을 기다

리고 있다.

마음챙김 인식 : 지금 이 순간에 온전히 집중하는 마음챙김 (Mindfulness) 을 연습해보자. 삶의 소소한 즐거움에 행복해 하고, 의미 있는 관계를 만들어 보고, 우리를 둘러싼 지금 상황에 감사해야 한다.

열정 추구 : 자신의 열정을 파악하고 인생에서 우선순위를 정해보자. '완벽한' 순간을 기다리지 말고 지금 바로 만들어 보자.

인생의 가장 큰 보물 중 하나는 다른 사람들과 형성하는 관계이다.

시간 : 사랑하는 사람들과 많은 시간을 보내기 위해 노력하자. 의미 있는 대화를 나누고, 오래도록 기억에 남을 추억을 만들고, 함께 공유하는 순간을 소중히 여기자.

감사와 고마움 : 시간을 내어 주변 사람들에게 감사와 고마움을 표현해보자. 이러한 말과 제스처는 큰 영향을 미칠 수 있으므로 상대방이 여러분에게 얼마나 큰 의미인지 알게 해주자.

관계 형성 : 원한을 품거나 오해가 오래도록 남아 있기에는 인생은 너무 짧다. 용서, 열린 소통, 화해에 우선순위를 두고 더 건강하고 의미 있는 관계를 형성하자.

매 순간이 소중하며 온전히 받아들여야 한다는 것을 강력하게 상기시켜 준다. 현재를 소중히 여기고, 기회를 포착하고, 열정을 추구하고, 관계를 소중히 여김으로써 우리는 시간의 변화무쌍한 힘을 발휘할 수 있다. 기쁨과 목적, 성취감으로 가득 찬 삶을 만들어 가는 것은 우리 손에 달려 있으니 매 순간을 최대한 활용해 보자.

대체할 수 없는 시간의 본질에 대한 개념을 몇 가지 일상적인 예를 들어 설명해 보자.

- 완료해야 할 중요한 작업이나 프로젝트가 있지만 나중에 시간이 더 있을 거라는 생각에 계속 미루고 있다고 해 봅시다. 하지만 며칠이 지나고 몇 주가 지나자 시간이 흘러 목표를 달성할 기회를 놓쳤다는 사실을 깨닫게 됩니다. 이 예는 미루는 행동이 어떻게 기회를 놓치게 되는지, 그리고 주어진 시간을 최대한 활용하기 위해 적시에 조치를 취하는 것이 얼마나 중요한지를 강조합니다.
- 바쁜 일정으로 인해 가족이나 친구와 좋은 시간을 보내기 어려운 상황을 생각해 봅시다. 언제든 다시 기회가 있을 거라고 생각하며 모임을 계속 미루었고 내가 시간이 되었을 때는 상황이 변하여 가족이나 친구들이 시간이 안 맞아 모임을 갖지 못하는 경우가 있습니다. 이 예는 사랑하는 사람들과 함께 보내는 시간이 얼마나 소중한지, 그리고 한번 지나가면 되돌릴 수 없는지를 보여줌으로써 이러한 관계의 우선순위를 정하고 소중히 여기는 것이 얼마나 중요한지 강조합니다.

● 새로운 기술을 배우거나 취미를 추구하고 싶은 욕구가 있다고 상상해 봅시다. 시간이 더 많거나 의무가 줄어드는 '완벽한' 순간을 기다리며 행동을 취하는 것을 계속 미루고 있습니다. 시간이 계속 흐르면서 개인적인 성장에 대한 열망에 진전이 없음을 깨닫게 됩니다. 이 예는 자기 계발에 투자하고 자신의 관심사를 적극적으로 추구하는 데 필요한 시간을 활용하는 것의 중요성을 보여줍니다.

● 신체적, 정신적 건강을 돌보는 것을 소홀히 하는 상황을 생각해 봅시다. 시간이 지나면서 자기 관리를 소홀히 한 누적 효과로 인해 건강 문제나 번아웃 (burnout) 에 직면할 수 있습니다. 이 사례는 자기 관리에 투자하는 시간이 장기적인 행복과 성취감을 위한 투자라는 점을 이해하고 건강과 웰빙 (well-being) 에 우선순위를 두는 것이 중요하다는 점을 강조합니다.

이 일상적인 예는 대체 불가능한 시간의 특성이 우리 삶의 다양한 측면에서 어떻게 나타나는지 보여줍니다. 이러한 사례는 우리가 시간을 어떻게 배분하고 목표, 관계, 웰빙 (well-being) 에 부합하는 의도적인 선택을 해야 하는지에 대해 염두에 두어야 할 필요성을 강조합니다. 시간의 덧없음을 인식하고 그에 따라 행동함으로써 우리는 잠재력을 극대화하고, 중요한 관계를 발전시키며, 보다 만족스러운 삶을 영위할 수 있습니다.

★☆★ 요점정리

> 시간의 소중함과 되돌릴 수 없는 본질을 인식하세요. 현재의 순간을 받아들이고, 가치관에 부합하는 의미 있는 일의 우선순위를 정하고, 열망을 향해 행동하세요. 시간의 가치를 이해하면 의도적으로 생활하고, 개인적 성장에 진전을 이루며, 보다 만족스러운 삶을 만들 수 있습니다.

주변에 믿을 만한 사람이 없다

주변 사람들에 대한 신뢰가 부족하다고 느끼는 것은 어렵고 고립된 경험이 될 수 있다. 이는 자신이 취약하거나 불확실하다고 느끼거나 인간관계에 실망하고 있을 수 있음을 이야기한다. 이러한 깨달음은 개인의 성장과 발전을 위한 출발점이 될 수 있다. 이러한 상황에 접근하는 몇 가지 방법에 대해 알아보자.

시간을 내어 자신의 행동과 태도를 되돌아본다. 자신의 행동이 타인에 대한 신뢰 부족에 기여하는 것은 아닌지 스스로에게 물어보자. 정직한 자기 평가는 개선과 개인적 성장을 위한 영역을 파악하는 데 도움이 될 수 있다.

신뢰할 수 있는 사람이 없을 때는 스스로 신뢰를 쌓는 것이 중요하다. 자신의 가치관에 충실하고, 자신과의 약속을 지키고, 약속을 이행하는 데 집중해 보자. 이러한 자기 신뢰는 앞으로 관계를 탐색하고 신뢰할 수 있는 사람을 찾을 때 탄탄한 토대가 될 것이다.

자신의 경계를 평가하고 그 경계가 명확하고 잘 전달되는지 확인해 보자. 때때로 신뢰 부족은 불분명한 기대치나 무언의 요구에서 비롯될 수 있다. 건강한 경계를 설정하면 정서적 웰빙(well-being) 을 보호하고 신뢰와 존중을 바탕으로 관계를 증진하는 데 도움이 될 수 있다.

고립감을 느낄 수 있지만, 이용 가능한 자원이 있다는 사실을 기억하는 것이 중요하다. 자신의 감정을 표현하고 도움을 받을 수 있는 치료사, 상담사 등에 연락, 방문하여 만나보자. 이러한 전문가들은 신뢰 구축 기술을 개발하고 감정을 효과적으로 다룰 수 있도록 도와줄 수 있다.

시간과 노력이 필요할 수 있지만, 적극적으로 새로운 관계를 찾는 것이 도움이 될 수 있다. 자신의 관심사와 가치관에 맞는 활동, 커뮤니티 또는 동호회에 참여해 보자. 같은 생각을 가진 사람들과 어울리면 개인적인 성장을 지원할 수 있는 신뢰할 수 있는 사람을 찾을 가능성이 높아진다.

자기 성찰, 자기 신뢰 구축, 경계 설정, 지원 구하기, 새로운 관계 형성에 집중함으로써 신뢰의 문제를 해결하고 궁극적으로 주변에 더 만족스럽고 신뢰할 수 있는 환경을 조성할 수 있다.

"주변에 믿을 만한 사람이 없다"

불확실한 세상에서 진정성 있는 관계를 구축하고 탐색할 수 있는 전략을 알아보자.

신뢰할 수 있는 사람을 찾는 데 어려움을 겪는다는 것을 인정하는 말이다. 배신, 속임수, 실망을 경험하는 것은 실망스러운 일일 수 있다. 하지만 신뢰는 인간관계의 기본 요소이며, 우리에게는 우리의 경험을 형성할 수 있는 힘이 있다는 사실을 기억하는 것이 중요하다.

다른 사람을 신뢰하기 전에 우리 자신부터 신뢰를 쌓는 것이 중요하다. 자기 신뢰를 구축하는 데 도움이 되는 재미있고 이해하기쉬운 몇 가지 아이디어를 살펴보자.

경계 지키기 : 명확한 경계를 설정하고 효과적으로 소통하자. 자신의 경계를 존중하면 자신감을 키우고 타인에게 자신의 필요를 효과적으로 전달할 수 있다.

포용하기 : 자신에게 진실하고 자신의 고유성을 포용하자. 우리가 진정한 자아를 존중할 때, 우리는 우리의 가치에 부합하는 사람들을 끌어들이고 진정한 관계를 형성할 가능성이 높아진다.

실수로부터 배우기 : 실수는 인생의 자연스러운 부분임을 인정해보자. 이러한 순간을 성장과 배움의 기회로 받아들이고 그 과정에서 회복탄력성과 자기 신뢰를 쌓을 수 있도록 한다.

신뢰는 어려울 수 있지만 인간관계에서 추구할 가치가 있다. 다른 사람과의 상호작용에서 신뢰를 키우기 위한 전략을 살펴보자.

의사소통 : 관계에서 개방적이고 솔직한 의사소통을 해 보자. 적극적으로 경청하고 공감을 표현하며 투명성을 유지하면 신뢰와 이해의 토대를 구축할 수 있다.

신뢰성과 일관성 : 일관성 있는 말과 행동으로 신뢰할 수 있는 모습을 보여주자. 일관성은 신뢰를 낳고, 다른 사람들은 여러분이 약속을 지킬 것이라고 믿을 수 있다.

취약성과 공감 : 다른 사람들과 자신의 진솔한 모습을 공유해 보자. 주변 사람들의 경험과 감정을 이해하고 공감할 수 있는 공감능력을 키워보자. 이러한 자질은 신뢰가 번성할 수 있는 안전한 공간을 만들어 준다.

신뢰는 필수적이지만, 건전한 회의주의와 균형을 맞추는 것도 중요하다. 다음은 이 미묘한 균형을 잡는 데 도움이 되는 몇 가지 팁이다.

주의 기울이기 : 사람들의 행동이 말과 어떻게 일치하는지 관찰해 보자. 행동이 말보다 더 큰 힘을 발휘하는 경우가 많으며, 일관된 행동은 신뢰를 구축하는 데 도움이 될 수 있다.

신뢰 구축 : 시간이 지남에 따라 점진적으로 신뢰가 쌓이도록 노

력하자. 작은 신뢰의 행동으로 시작하여 관계가 깊어지고 양측이 서로를 신뢰할 수 있게 되면 점차적으로 신뢰도를 높이도록 한다.

직관을 믿어보자 : 뭔가 이상하다고 느껴지거나 위험 신호가 나타나면 직감에 귀를 기울인다. 한 발 물러서서 상황이나 관계를 재평가하는 것도 괜찮다.

신뢰가 없는 세상을 마주하는 것이 벅차게 느껴질 수도 있지만, 우리 스스로 신뢰를 쌓고 의미 있는 관계를 형성하는 것은 우리의 힘 안에 있다. 자기 신뢰를 구축하고, 열린 소통을 장려하며, 신뢰와 건강한 회의론의 균형을 유지함으로써 우리는 불확실한 세상에서 자신감과 진정성을 가지고 관계를 탐색할 수 있다.

여러분이 힘든 시기를 겪고 있는데, 가까운 사람에게 의지하거나 도움을 청할 수 없다고 느낀다고 상상해 보세요. 사람들이 여러분을 실망시키거나 약속을 어기거나 신뢰를 배신한 경험이 있을 수 있습니다. 이로 인해 외로움과 취약함을 느끼며 누구에게 의지해야 할지 확신이 서지 않을 수 있습니다.

주변에 믿을 수 있는 사람이 없다는 것은 곧 외로움을 의미합니다.

믿을 수 있다고 생각했던 사람들이 나를 실망시켰기 때문에 실망감을 느끼는 것과 같습니다. 예를 들어, 친구에게 개인적인 어려움을 털어놓 있는데 친구가 다른 사람에게 퍼뜨려 신뢰를 배신했다면 불신감은 더욱 깊어집니다.

의지하거나 고민을 나눌 수 있는 신뢰할 수 있는 사람이 없기 때문에 고립감과 취약함을 느낄 수 있습니다. 이러한 신뢰의 부족은 다른 사람의 지원이나 이해 없이 혼자서 문제의 무게를 짊어지고 있는 것처럼 느끼게 할 수 있습니다.

신뢰가 부족하면 간단한 일이라도 다른 사람에게 의지하기가 어려워집니다. 예를 들어, 프로젝트에 도움이 필요하지만 과거에 사람들이 약속을 지키지 않았던 경험이 있다면 도움을 요청하는 것을 망설이거나 제대로 해낼 수 있을지 의심할 수 있습니다.

신뢰의 부재는 새로운 관계를 형성할 때 조심스럽고 주저하게 만들 수 있습니다. 개인 정보가 자신에게 불리하게 사용되거나 동의 없이 공유될까봐 두려워 개인 정보를 공개하고 공유하기가 어려울 수 있습니다.

신뢰할 수 있는 지원 네트워크가 없으면 조언, 안내 또는 정서적 지원을 구하기가 더 어려워집니다. 어려운 시기에 진정으로 의지할 수 있는 사람이나 격려의 말을 들어줄 사람이 없기 때문에 상실감을 느낄 수 있습니다.

★☆★ 요점정리

주변에 믿을 수 있는 사람이 없다고 말하는 사람은 고립감을 느끼고 상호작용하는 사람들에 대한 신뢰가 부족하다는 것을 의미합니다. 이들은 충성심이 부족하다고 느끼거나 과거의 신뢰 위반으로 인해 취약하고 외로움을 느끼며 다른 사람에게 의존하는 것에 대해 확신을 갖지 못할 수 있습니다. 이러한 감정은 정서적 고통과 혼자서 어려움을 겪고 있다는 느낌으로 이어질 수 있습니다. 원인은 개인적인 경험이나 타인에 대한 일반적인 신뢰 부족 등 다양할 수 있습니다.

신뢰를 구축하는 데는 시간과 노력이 필요하다는 점에 유의해야 합니다. 신뢰가 부족하면 실망스러울 수 있지만, 이는 개인적 성장을 위한 기회이기도 합니다. 자기 성찰, 자기 신뢰 개발, 경계 설정, 치료나 상담을 통한 지원 요청, 관심사에 맞는 커뮤니티나 그룹에 적극적으로 참여함으로써 점차 신뢰를 바탕으로 한 새로운 관계를 구축하고 주변에 더욱 좋은 환경을 조성할 수 있습니다.

나이 듦을 두려워하지
않을 것이다

늙어가는 과정을 받아들이고 두려움 없이 직면하는 것은 개인의 성장과 발전을 위한 강력한 마음가짐이 될 수 있다.

나이 듦은 삶의 자연스러운 일부이며, 이러한 필연성을 받아들이면 그에 따른 변화를 수용하는 데 집중할 수 있다. 노화가 보편적인 경험이라는 사실을 인정하면 저항에서 수용으로 사고방식을 전환하여 개인적 성장을 위한 새로운 기회의 문을 열 수 있다.

나이가 들면 지혜와 소중한 인생 경험이 축적되는 경우가 많다. 시간의 흐름을 두려워하기보다는 통찰력을 얻고, 과거의 경험에서 배우고, 다른 사람들과 지식을 공유할 수 있는 기회로 접근해 보자. 나이가 든다는 생각을 받아들인다는 것은 나이를 통해 얻은 교훈과 성장을 소중히 여기는 것을 의미한다.

잘 늙는다는 것은 신체적, 정신적, 정서적 웰빙(well-being)을 돌보는 것을 포함한다. 건강한 라이프스타일 유지, 즐거움을 주는 활동 참여, 관계 증진, 마음챙김(Mindfulness) 연습 등 자기관리의 우선순위를 정하여 늙어간다는 생각을 받아들여 보자. 이러한 마음가짐을 통해 모든 단계에서 건강을 유지하고 삶을 즐기는 데 집중할 수 있다.

나이가 든다는 것은 침체를 의미하는 것이 아니라 지속적인 자기계발의 시간이 될 수 있다. 항상 새로운 목표나 관심사를 배우고, 성장하고, 추구할 수 있는 여지가 있다는 생각을 받아들여보자.

두려움을 버리고 늙어간다는 생각을 받아들임으로써 현재의 순간에 대한 감사와 마음챙김(Mindfulness)을 키울 수 있다. 나이 듦은 시간의 흐름에 연연하기보다 지금 삶이 제공하는 경험, 관계, 기쁨을 음미하도록 상기시켜 줄 수 있다.

"나이 듦을 두려워하지 않을 것이다"

인생은 다양한 계절로 짜여진 아름다운 태피스트리이며, 각 단계마다 고유한 마법이 깃들어 있다. 늙는다는 것은 두려움의 대상이 아니라 시간의 흐름에 따른 풍요로움과 깊이를 받아들일 수 있는 기회이다.

인생의 여정에서 우리는 지혜와 경험의 보물창고를 쌓아간다. 나이가 들면 이러한 지식의 원천을 활용하여 더 나은 선택을 하고, 더 깊은 관계를 형성하며, 더 만족스러운 삶을 살 수 있도록 안내한다.

나이가 든다는 것은 자기 수용을 받아들이고 현재의 자신을 축하할 수 있는 기회이다. 나이 듦은 사회적 압박에서 벗어나 자신의 불완전함을 포용하고 깊은 자존감을 키울 수 있는 기회이다. 나이는 숫자에 불과하며 진정한 아름다움은 내면에서 빛난다는 사실을 기억하자.

나이가 든다고 해서 삶에 대한 열정을 잃는 것은 아니며, 오히려 큰 기쁨과 활력을 주는 시간이 될 수 있다. 우리 삶에서 기쁨과 활력을 키울 수 있는 재미있고 쉽게 실천할 수 있는 몇 가지 방법을 살펴보도록 하자.

열정 추구하기 : 기쁨을 주고 호기심을 자극하는 활동에 참여해보자. 새로운 취미를 시작하든, 창의적인 출구를 찾든, 새로운 것을 배우든, 열정을 추구하면 활력의 불꽃이 계속 타오르게 된다.

관계 : 사랑하는 사람들과의 의미 있는 관계를 우선시해 보자.

자기 관리 및 건강 : 활기차고 균형 잡힌 라이프스타일을 유지하기 위해 운동, 건강한 식습관, 명상, 휴식과 같은 자기 관리 활동에 우선순위를 두자.

나이가 든다는 것은 우리가 남기고 싶은 유산에 대해 되돌아볼 수 있는 기회를 제공한다. 우리의 지혜와 경험, 행동을 통해 미래 세대에 긍정적인 영향을 미치고 세상을 지속적으로 변화시킬 수 있다.

우리 안에 있는 불멸의 정신을 받아들이고 시간의 흐름에 따른 아름다움과 풍요로움에 감사하라는 초대장이다. 지혜를 받아들이고, 자기 수용을 키우며, 기쁨과 활력을 키우면 나이에 상관없이 목적과 성취감을 느끼는 삶을 살 수 있다. 인생이라는 긴 여정에서 우리는 우리 존재의 진정한 본질을 발견할 수 있으니, 늙어간다는 선물을 축복하자.

◇◇◇

노년기에 접어든 수지라는 사람이 있다고 상상해 보세요. 그녀는 노화 과정에 대해 불안해하거나 두려워하는 대신 이를 개인적인 성장과 발전의 기회로 받아들이기로 하였습니다. 그녀가 자신의 삶에 적용하는 방법은 다음과 같습니다.

변화의 수용 : 그녀는 나이가 드는 것이 인생의 자연스러운 과정임을 인정하고 자신의 몸과 환경이 변화할 것임을 이해합니다. 그녀는 이러한 현실을 받아들이고 변화에 저항하거나 두려워하기보다는 변화에 적응하는 데 집중합니다.

지혜와 삶의 경험 : 그녀는 자신이 쌓아온 지혜와 인생 경험의 가치를 인정합니다. 그녀는 평생 동안 배운 교훈을 되돌아보고 젊은 세대와 통찰력을 공유하는 데서 기쁨을 찾습니다. 자신이 얻은 지혜를 바탕으로 다른 사람들을 멘토링하고 안내할 기회를 적극적으로 찾습니다.

자기 관리 : 그녀는 신체적, 정신적, 정서적 웰빙 (well-being) 을 돌보는 것

이 건강한 노화를 위해 매우 중요하다는 것을 잘 알고 있습니다. 그녀는 규칙적인 운동을 우선시하고, 균형 잡힌 식단을 유지하며, 즐거운 활동에 참여하고, 다양한 인간관계를 형성해 나갑니다. 그녀는 자기 관리를 실천함으로써 노년기를 최대한 즐길 수 있도록 합니다.

지속적인 성장 : 개인적인 성장은 나이와 함께 멈추지 않는다고 믿습니다. 그녀는 새로운 경험을 찾고, 새로운 기술을 배우기 위해 도전하며, 자신의 관심사와 열정을 탐구합니다. 워크숍에 참석하고, 새로운 취미를 가지며, 자기 계발의 기회를 받아들이는 등 나이가 든다는 것은 지속적인 자기 계발의 여정이라는 것을 보여줍니다.

포용 : 그녀는 현재에 대한 감사와 마음챙김 (Mindfulness) 을 키웁니다. 그녀는 인생이 각 단계에서 제공하는 관계, 경험, 기쁨을 소중히 여기는 것이 중요하다는 것을 인식하고 있습니다. 의식적으로 현재의 순간을 음미하고 일상의 소소한 즐거움에서 아름다움과 성취감을 찾는 데 집중합니다.

그녀는 두려움 없이 나이 듦을 받아들이는 마음가짐을 통해 긍정적으로 자기 계발에 전념하는 자세로 노년기에 들어섭니다. 이러한 관점을 통해 그녀는 회복력, 기쁨, 삶의 풍요로움에 대한 깊은 감사로 노화 과정을 헤쳐 나갈 수 있습니다.

★☆★ 요점정리

두려움 없이 늙어간다는 개념을 받아들이는 것은 개인적 성장을 위한 강력한 마음가짐이 될 수 있습니다. 여기에는 변화를 받아들이고, 지혜와 삶의 경험을 소중히 여기며, 자기 관리에 우선순위를 두고, 지속적인 개인적 성장을 도모하고, 현재의 순간을 포용하는 것이 포함됩니다. 관점을 전환하여 노화를 받아들이고 자기 계발에 대한 헌신으로 접근하면 나이 듦의 과정을 헤쳐나가고 노화가 가져다주는 기회를 포용할 수 있습니다.

가벼운 실수는 누구나
할 수 있다

인간은 누구나 일생 동안 실수와 오판을 하기 쉽다는 사실을 인정하는 것을 의미한다. 실수를 인정하고 실수로부터 배우는 것이 개인의 성장, 회복력, 자기계발로 이어질 수 있다는 귀중한 자조적 교훈이 담겨 있다.

실수는 인간 경험의 자연스러운 부분임을 인식하여야 한다. 완벽한 사람은 없으며 우리 모두는 그 과정에서 비틀거린다. 실수를 해도 괜찮으며 실수가 자신의 가치나 잠재력을 정의하지 않는다는 사실을 받아들이도록 한다.

실수를 성장과 배움을 위한 소중한 기회로 여긴다. 실수를 통해 지혜를 얻고, 기술을 연마하고, 자신과 주변 세계에 대한 이해를 높일 수 있는 기회가 된다. 부정적인 측면에 집착하지 말고 실수에서 얻을 수 있는 교훈에 집중하자.

시간을 내어 자신의 실수를 되돌아보고 왜 그런 일이 일어났는지 파악하자. 성찰을 통해 실수의 원인이 된 근본적인 요인을 알아보자. 이러한 자기 인식을 통해 의식적으로 변화하고, 더 나은 전략을 개발하며, 앞으로 같은 실수를 반복하지 않도록 할 수 있다.

실수는 실망감을 안겨줄 수 있으며, 좌절감이나 자괴감을 유발할 수 있다. 하지만 회복탄력성을 기르는 것은 매우 중요하다. 좌절은 개인적 성장을 향한 여정의 일부이며, 종종 미래의 성공을 위한 디딤돌 역할을 한다는 점을 이해하여야 한다. 실수를 회복탄력성과 결단력의 촉매제로 삼아 다시 일어나고, 적응하고, 인내하는 법을 배워보자.

실수를 했을 때 스스로에게 연민과 용서를 베풀어 보자. 과거의 실수에 대해 스스로를 자책하는 것은 발전과 자기 계발에 방해가 될 뿐이다. 누구나 실수를 할 수 있으며, 자기 연민은 치유와 성장, 그리고 앞으로 나아가는 데 필수적이라는 점을 이해하고 친절하게 자신을 대하자.

성장 마인드를 채택하고 지속적인 개선을 위해 노력한다. 새로운 지식, 기술, 경험을 적극적으로 추구하는 능동적인 태도를 취하자. 그렇게 함으로써 자신의 능력을 향상시키고 시야를 넓히면 과거의 실수를 반복할 가능성을 줄일 수 있다.

실수할 수 있는 존재가 나 혼자가 아니라는 사실을 상기시켜 준다. 이러한 이해를 받아들임으로써 실수를 개인적인 성장, 회복력, 자기 계발의 촉매제로 전환할 수 있는 힘을 키울 수 있다.

"가벼운 실수는 누구나 할 수 있다"

'누구나 실수를 한다'의 의미를 진정으로 이해하려면 실수는 인간 경험의 본질적인 부분이라는 점을 인식해야 한다. 우리 중 누구도 예외일 수 없으며, 실수를 통해 우리는 배우고 성장하며 진화한다.

실수는 개인의 성장과 발전을 위한 강력한 촉매제 역할을 한다. 실수가 제공하는 성장의 기회를 받아들이는 데 도움이 되는 몇 가지 재미있고 이해하기 쉬운 개념을 살펴보자.

경험에서 배우기 : 실수는 귀중한 교훈을 제공한다. 실수를 통해 우리는 기술을 연마하고, 의사 결정을 개선하며, 자신과 주변 세계에 대한 이해를 넓히는 데 도움이 되는 직접적인 지식을 얻게 된다.

회복탄력성 구축 : 실수는 우리를 도전하게 하고 우리의 안전지대를 벗어나게 한다. 실수로부터 배우는 과정을 통해 우리는 회복탄력성과 적응력을 키우고 이전보다 더 강하게 다시 일어설 수 있는 능력을 개발한다.

창의력 키우기 : 실수는 종종 창의적인 돌파구로 이어진다. 우리가 알고 있는 것의 한계를 벗어날 때, 우리는 혁신적이고 색다른

해결책을 찾을 수 있다. 실수를 포용하면 새로운 관점이 생겨나고 창의력이 촉진될 수 있다.

실수는 때때로 죄책감, 수치심 또는 자기 의심을 유발할 수 있다. 인생의 기복을 헤쳐 나갈 때 자기 연민을 키우는 것은 필수적이다.

취약성 포용하기 : 실수는 학습 과정의 자연스러운 부분이며 위험을 감수하고 성장하려는 의지의 표시임을 인식한다. 취약성을 포용하고 실수가 발생했을 때 친절하고 이해심 있게 자신을 대해 보자.

실패의 재구성 : 실패에 대한 관점을 바꾸자. 실패를 부정적인 결과로 보는 대신 성장과 자기 계발의 기회로 삼아보자. 실패는 우리의 가치를 반영하는 것이 아니라 성공으로 가는 디딤돌이다.

실수로부터 배우기 : 시간을 내어 실수를 반성하고 실수가 주는 교훈을 이해하자. 실수를 개인적인 결점이 아닌 가치 있는 경험으로 바라볼 수 있는 성장 마인드를 길러보자.

완벽함이 우리 인간 여정의 목표가 아님을 일깨워준다. 불완전함을 받아들이고, 실수로부터 배우고, 자기 연민을 키울 때 우리는 성장하고 진화하며 잠재력을 최대한 발휘할 수 있다.

◇◇◇

준서라는 젊은 예술가가 있었습니다. 준서는 그림에 대한 깊은 열정을 가지고 있었으며 언젠가 유명한 화가가 되기를 꿈꿨습니다. 준서는 스튜디오에서 몇 시간이고 지칠 줄 모르고 작품을 만들고 다양한 기법과 스타일을 연습했습니다.

어느 날 준서는 권위 있는 미술 대회에 참가하기로 결심했습니다. 그는 심사위원들에게 깊은 인상을 줄 수 있는 그림을 그리기 위해 혼신의 힘을 다했으나 결과가 발표되었을 때 그의 그림은 아무런 인정을 받지 못했습니다. 그는 큰 상실감을 느꼈고 예술가로서의 재능과 능력에 의문을 품게 되었습니다.

그는 포기하는 대신 누구나 실수를 할 수 있다는 생각을 받아들이기로 했습니다. 준서는 이러한 좌절을 배우고 성장할 수 있는 기회로 여겼습니다. 무엇이 잘못되었는지 이해하기 위해 경험 많은 아티스트와 미술 평론가에게 피드백을 구하기로 결정했습니다.

피드백을 통해 준서는 자신의 그림에 명확한 초점이 부족하고 구도에 문제가 있다는 사실을 발견하였고 자신이 서둘러 작업을 진행하고 작품을 계획하고 다듬는 데 충분한 시간을 들이지 않았다는 사실을 깨달았습니다.

준서는 실망하지 않았습니다. 계속해서 그림을 그리며 실력을 향상시키는 데 집중했습니다. 구도, 색채 이론을 공부하고 멘토에게 조언을 구했습니다. 준서는 실수도 예술적 여정의 일부이며 실수로부터 배우는 것이 자신의 발전에 중요하다는 것을 이해했습니다.

몇 달 후, 준서는 배운 교훈을 바탕으로 또 다른 미술 대회에 참가하였고. 이번에는 준서의 그림이 심사위원과 청중 모두에게 호평을 받았습니다. 실수로부터 배우려는 준서의 인내와 의지가 결실을 맺어 대상을 수상하였습니다.

준서의 이야기는 실수를 배움의 기회로 받아들이는 힘이 얼마나 강력한지 보여줍니다. 그는 자신의 실수를 인정하고 피드백을 구하며 성장에 전념함으로써 좌절을 성공의 디딤돌로 바꾸어 놓았습니다. 준서의 예술가로서의 여정은 실수가 끝이 아니라 목표를 달성하기 위한 필수적인 과정이라는 사실을 일깨워 줍니다.

★☆★ 요점정리

- 인간으로서 실수를 하는 것은 자연스러운 일이라는 것을 가르쳐 줍니다.
- 실수는 정상이며 우리의 가치를 정의하지 않는다는 것을 이해합니다.
- 실수를 성장과 지혜를 얻을 수 있는 기회로 여깁니다.
- 실수가 발생한 이유를 분석합니다.
- 좌절에서 다시 일어나 적응하고 인내합니다.
- 스스로에게 친절하고 과거의 실수를 용서합니다.
- 성장 마인드를 갖고 적극적으로 자기 계발을 추구합니다.

실수는 인간 경험의 일부라는 생각을 받아들임으로써 우리는 성장하고, 배우고, 개인 개발 여정에서 앞으로 나아갈 수 있습니다.

기회가 오면 바로 실행하라

기회를 잡으면 개인적인 성장, 새로운 경험, 인생의 전환점이 될 수 있다는 믿음을 담고 있다.

기회는 종종 예기치 않게 나타나는데, 기회를 즉시 포착하면 혁신적인 경험과 개인적인 성장으로 이어질 수 있다. 행동이 빠르다는 생각을 받아들임으로써, 여러분은 삶의 다양한 분야에서 발전할 가능성이 더 높다.

능동적이고 새로운 가능성에 열려 있는 자세의 중요성을 강조한다. 기회는 경력 발전, 개인적인 성장 경험, 의미 있는 관계 등 다양한 형태로 나타날 수 있다.

기회는 종종 도전이나 낯선 상황으로 위장한다. 신속하게 행동함으로써, 여러분은 이러한 도전에 정면으로 맞서고, 여러분의 편안한 영역에서 벗어나 여러분 자신이 성장할 수 있도록 한다. 자신감을 향상시킬 수 있는 기회가 된다.

즉각적인 행동을 취하는 것은 자신감을 길러준다. 각각의 기회는 여러분의 능력에 대한 믿음을 강화하고 여러분이 삶에서 긍정적인 변화를 만들 수 있다는 것을 확인시켜준다. 이것은 여러분의 자존감을 높이고 훨씬 더 큰 도전을 할 수 있도록 한다.

신속한 행동은 여러분의 삶에 긍정적인 추진력을 만든다. 기회가 발생할 때 지속적으로 기회를 포착함으로써 전진하고 발전하는 습관을 기른다. 이러한 모멘텀은 여러분의 자기 계발 여정에 박차를 가하고 여러분이 목표에 더 가까이 다가갈 수 있도록 도와준다.

하지만 어떤 기회를 잡아야 할지 결정할 때는 상황을 고려하고 분별력을 발휘하는 것이 중요하다. 모든 기회가 자신의 가치관, 열망 또는 상황에 부합하는 것은 아니다. 잠재적인 위험과 보상을 평가하고 자신의 우선순위를 이해하면 기회가 주어졌을 때 정보에 입각한 결정을 내리는 데 도움이 될 수 있다.

기회를 잡는 데 어려움이 없는 것은 아니라는 것을 잘 알고 있다. 불확실성을 포용할 수 있는 용기, 좌절에 맞설 수 있는 회복력, 내 능력에 대한 확고한 믿음이 필요하다.

"기회가 오면 바로 실행하라"
무한한 가능성으로 가득한 흥미진진한 모험으로서의 삶을 받아들이도록 한다. 인생을 마음껏 즐기는 데 도움이 되는 재미있고 이해하기 쉬운 개념에 대해 알아보자.

긍정적인 사고방식을 채택하면 어려운 상황에서도 기회를 인식할 수 있다. 긍정적인 사고방식은 낙관적이고 탄력적인 태도로 삶에 접근하고, 우리에게 다가오는 모든 기회를 잡을 준비가 되어 있도록 도와준다.

호기심과 열린 마음을 키워보자. 새로운 길을 기꺼이 탐색하고, 현상 유지에 도전하며, 안전지대를 벗어나자. 호기심은 배우고, 성장하고, 개인 및 전문성 개발로 이어지는 기회를 포착하려는 욕구를 불러일으킨다.

인생은 예상치 못한 우여곡절로 가득하다. 변화에 적응하고 개방적인 자세로 유연성을 수용하자. 유연성을 발휘하면 처음에는 장애물이나 좌절로 보일 수 있는 기회를 인식하고 포착할 수 있다.

기회를 포착하려면 행동과 주도성이 필요하다. 행동을 취하고 우리에게 다가오는 기회를 최대한 활용할 수 있는 재미있고 접근하기 쉬운 몇 가지 방법을 살펴보자.

사고방식 수용하기 : 자신의 가치와 열정에 부합하는 새로운 경험과 기회에 '예스'라고 말하자. 모험심을 갖고 용기와 열정을 가지고 미지의 세계로 나아가야 한다.

실패를 두려워하지 마라 : 실패에 대한 두려움에 사로잡히지 말아라. 실패를 성공으로 가는 디딤돌이자 배우고, 성장하고, 접근 방식을 개선할 수 있는 기회로 생각해야 한다.

관계 형성 : 다른 사람들과 의미 있는 관계를 만들어 보자. 자신에게 영감과 도전을 주는 사람들과 네트워크를 형성하고, 협업하자. 기회는 종종 같은 생각을 가진 사람들과의 연결과 협업을 통해 생긴다.

기회를 포착하려면 현재에 온전히 집중하고 주변에 주의를 기울여야 한다. 현재의 순간을 포용하는 몇 가지 방법을 살펴보자.

마음챙김 : 마음챙김(Mindfulness)을 연습하고 매 순간 온전히 현재에 집중하자. 알아차림을 키우면 우리 앞에 펼쳐진 기회에 감사하고 이를 최대한 활용할 수 있다.

감사하는 마음 : 자신에게 다가오는 기회에 대해 감사하는 마음을 가지자. 감사는 우리의 마음과 정신을 열어주어 우리 삶에 존재하는 풍부한 기회를 인식하고 포착할 수 있게 해준다.

위험 감수 : 기회를 포착하려면 종종 위험을 감수해야 한다. 위험을 평가하고, 잠재적인 보상을 고려하고, 성장과 성취의 가능성이 높을 때 안전지대를 벗어날 수 있다.

두 팔 벌려 인생의 모험을 받아들이라는 이야기이다. 긍정적인 사고방식을 기르고, 행동을 취하고, 매 순간에 존재함으로써 우리는 삶을 풍요롭게 하는 가능성과 경험의 세계를 열어갈 수 있다.

◇◇◇

항상 작가가 되는 것이 꿈이었던 경서라는 젊은 여성이 있었습니다. 그녀는 스토리텔링에 대한 깊은 열정을 가지고 있었고, 글의 힘에 매료되어 책에 몰두하며 몇 시간을 보내곤 했습니다.

그러던 어느 날 경서는 작가 지망생에게 작품을 출판할 수 있는 기회를 제공하는 글쓰기 대회를 우연히 발견했습니다. 그녀는 세부 사항을 읽으면서 흥분과 긴장이 교차했습니다. 무시할 수 없는 기회였지만 의심과 불안이 스며들기 시작했습니다. 나의 글이 부족하면 어떡하지? 거절당하면 어쩌지?

두려움에도 불구하고 경서는 '기회가 오면 잡아야 한다'는 진언을 기억해 냈습니다. 경서는 이 기회가 자신의 목소리를 세상에 알리고, 꿈을 추구하며, 내면의 작가성을 끌어안을 수 있는 기회라는 것을 깨달았습니다.

경서는 용기를 내어 대회에 출품할 스토리를 만드는 데 온 힘을 쏟았습니다. 내가 과연 잘 할 수 있을까 의심이 들기도 했지만 그런 생각이 나의 발목을 잡는 것을 거부했습니다. 한 단어 한 단어 써 내려갈 때마다 그녀는 성취감과 목적의식을 느꼈습니다.

제출 마감일이 다가왔을 때 경서는 자신의 작품이 정말 준비되었는지 확신할 수 없어 잠시 망설였습니다. 그러다 기회를 잡는 것의 중요성을 떠올렸습니다. 경서는 심호흡을 하고 제출 버튼을 눌러 자신의 이야기를 세상에 보냈습니다.

몇 주가 지나자 경서의 불안감은 커져만 갔습니다. 자신의 결정에 의문을 품고 혹시 실수한 것은 아닌지 걱정되었습니다. 그러던 어느 날 받은 편지

함에 한 통의 이메일이 도착했습니다. 공모전 주최 측에서 보낸 이메일이었는데, 그녀의 이야기가 수상작 중 하나로 선정되었다는 소식이었습니다. 경서의 얼굴에는 기쁨의 눈물이 흘러내렸고, 그녀는 자신이 믿음을 갖고 눈앞에 놓인 기회를 받아들였다는 사실을 깨달았습니다. 그녀의 이야기가 출판될 것이고 작가가 되고 싶다는 그녀의 오랜 꿈이 실현될 것입니다.

이 경험은 경서에게 소중한 교훈을 주었습니다. 그녀는 기회를 포착하지 못하고 두려움에 이끌려 행동하지 않았다면 글쓰기 여정에서 이 놀라운 이정표를 놓쳤을 것이라는 사실을 깨달았습니다. 때때로 기회를 잡고 꿈을 좇는 것만이 가능성의 문을 여는 유일한 방법이라는 사실을 일깨워주었습니다.

그날 이후 경서는 이 진언을 가슴에 새기고 자신에게 다가오는 모든 기회에 적용했습니다. 새로운 도전에 직면할 때마다 경서는 기회가 찾아오면 반드시 잡아야 한다고 스스로에게 상기시켰습니다. 그리고 이러한 마음가짐으로 그녀는 두려움 없이 열정을 추구하고 자신에게 다가오는 기회를 포용하면서 작가로서 계속 번창해 나갔습니다.

★☆★ 요점정리

기회가 생겼을 때 즉각적인 조치를 취하는 것의 중요성을 강조합니다. 자기 계발의 맥락에서, 이 사고방식은 순간 포착, 도전 수용, 회복력 개발, 편안한 영역 확장, 잠재력 극대화, 자신감 형성, 추진력 창출을 장려합니다. 기회에 따라 신속하게 행동함으로써, 여러분은 삶의 다양한 영역에서 발전하고, 여러분의 능력을 활용하고, 성장과 성취에 대한 잠재력을 최대한 발휘할 수 있습니다. 이러한 사고방식을 수용하면 짧은 순간을 최대한 활용하고 개인의 발전과 성취를 위한 혁신적인 여정을 시작할 수 있습니다.

많은 것을 갖으면
삶은 피곤해진다

과도한 소유, 약속 또는 책임이 우리의 에너지를 고갈시키고 개인적 발전을 방해할 수 있다는 이야기이다. 삶을 단순화하고 진정으로 중요한 것에 우선순위를 두는 것이 더 큰 행복과 성장으로 이어질 수 있음을 말한다.

많은 소유물이나 약속을 추구하는 대신, 자신에게 진정으로 중요한 것이 무엇인지 파악하고 우선순위를 정하는 데 집중하자. 가치관, 목표, 열망을 명확히 하고, 우선순위를 간소화하면 자신의 열정에 부합하고 성취감을 느낄 수 있는 활동에 에너지를 집중할 수 있다.

삶을 피곤하게 만드는 한 가지 요인은 미래에 대한 과도한 걱정과 고민이다. 우리는 현재의 순간에 집중하고, 삶의 아름다움과 소중함을 느끼기 위해 주의를 기울여야 한다. 자신의 목표를 추구하면서도, 현재를 즐기고 감사의 마음을 가지는 것이 중요하다.

물질적인 소유뿐만 아니라 일상적인 의무와 책임들을 줄여가는 것이 필요하다. 불필요한 물건과 의무들을 해소하고 단순화함으로써 삶이 가벼워지고 집중력이 향상된다. 중요한 것에 집중함으로써 삶의 복잡성을 해결하고, 보다 의미 있는 경험과 성장을 위한 공간을 만들 수 있다.

순간에 집중하고 마음챙김(Mindfulness)을 연습하면 자신을 지나치게 분산시키고 있을 때를 알아차리는 데 도움이 될 수 있다. 속도를 늦추고 생각, 감정, 신체 감각에 주의를 기울이면 삶의 영역에서 자신을 지나치게 확장하고 있을 수 있는 부분에 대한 통찰력을 얻을 수 있다. 이러한 인식을 통해 의식적인 선택을 하고 압도당하는 것을 피할 수 있다.

시간, 에너지, 웰빙(well-being)을 보호하려면 건강한 경계를 설정하는 것이 중요하다. 자신의 가치관에 맞지 않거나 진정한 만족을 가져다주지 않는 약속이나 소유물에 대해 거절하는 법을 배워보자. 경계를 설정하면 개인의 성장에 긍정적으로 기여하는 활동과 관계를 위한 공간을 만들 수 있다.

자기 관리에 우선순위를 두는 것은 균형을 유지하고 번아웃(burnout)을 예방하는 데 매우 중요하다. 운동, 편안한 수면, 취미 활동, 사랑하는 사람과 좋은 시간 보내기, 전문가의 도움 구하기 등이 포함된다.

진정한 성취감은 경험, 관계, 개인적인 성장, 나 자신보다 더 큰 무언가에 기여하는 것에서 비롯된다는 사실을 인식한다. 물질적 소유를 통해서만 행복을 추구하기보다는 의미 있는 관계를 형성하고, 자기계발을 하고, 자신과 타인의 삶에 긍정적인 영향을 미치는 데 집중하자.

의도적으로 삶을 단순화하고, 가장 중요한 것의 우선순위를 정하고, 개인적인 성장과 웰빙(well-being), 성취를 위한 공간을 만들수 있다. 소유나 약속을 쌓는 것이 아니라 균형을 찾고, 진정으로 중요한 것에 집중하며, 전반적인 웰빙(well-being)을 가꾸는 것이 중요하다는 점을 기억해야 한다.

우리가 자기계발과 삶의 질을 향상시키기 위해 필요한 원칙이다. 삶을 간소화하고 진정으로 소중한 것들에 집중함으로써 우리는 에너지를 절약하고, 보다 의미 있는, 균형 잡힌 삶을 살아갈 수 있다.

"많은 것을 갖으면 삶은 피곤해진다"

소유가 행복을 가져다준다는 통념에 도전한다. 단순함의 마법을 밝히는 몇 가지 재미있고 이해하기 쉬운 개념을 살펴보자.

어수선 효과 : 집 안이 수많은 물건으로 어수선하다고 상상해 보자. 필요한 물건을 찾거나, 청소하거나, 평화로운 환경을 조성하기가 더 어려워진다. 물건이 쌓일수록 이를 관리하고 유지하는 데 더 많은 정신적, 육체적 에너지가 필요하게 되어 피로감을 느끼게 된다.

더 많은 것에 대한 추구 : 사회는 종종 더 많은 것을 가지면 성취감을 느낄 수 있다고 말하지만, 실제로는 끝없는 욕망과 불만족의 순환으로 이어질 수 있다. 우리는 끊임없이 더 많은 것을 얻기 위해 노력하지만, 그 만족감은 일시적이라는 것을 알게 된다. 이러한 끊임없는 추구는 정신적, 감정적으로 지치게 만들 수 있다.

단순함은 성취감을 찾고 과도한 소유로 인한 피로를 줄일 수 있는 대안을 제시한다. 우리 삶에서 단순함을 받아들일 수 있는 재미있고 접근하기 쉬운 몇 가지 방법에 대해 살펴보자.

정리 정돈과 미니멀리즘 : 먼저 물리적 공간과 디지털 공간을 정리하는 것부터 시작하자. 더 이상 목적에 부합하지 않거나 즐거움을 주지 않는 물건은 과감히 버리자. 미니멀리즘은 진정으로 중요한 것에 집중하고 불필요한 것을 제거하는 의도적인 삶을 장려한다.

신중한 소비 : 생활에 필요한 물건을 신중하게 선택함으로써 신중한 소비를 실천해 보자. 물건을 구입하기 전에 각 물건의 가치와 용도를 고려하여 자신의 필요와 가치에 맞는지 확인해 보자. 양보다는 질을 선택한다.

경험에 우선순위를 두자 : 소유물을 쌓아두는 대신 삶에 기쁨과 의미를 가져다주는 경험에 우선순위를 두자. 여행, 사랑하는 사람과의 시간 보내기, 취미 생활 또는 자신의 열정에 맞는 활동을 통해 추억을 만들어 보자.

단순함을 받아들임으로써 우리는 과잉의 부담을 줄임으로써 오는 자유를 경험할 수 있다. 간소함의 마법을 받아들일 때 얻을 수 있는 보상에 대해 알아보자.

정신적 명료성 : 방해 요소와 소유물이 줄어들면 정신이 명료해지고 집중력을 찾을 수 있다. 이를 통해 진정으로 중요한 일에 에너지를 집중할 수 있어 평온함과 평화로움을 느낄 수 있다.

웰빙 향상 : 삶을 단순화하면 웰빙(well-being)이 향상될 수 있다. 스트레스(stress)를 줄임으로써 자기 관리, 개인적 성장, 의미 있는 관계 육성을 위한 공간을 확보할 수 있다.

정돈하고, 경험에 우선순위를 두고, 신중한 소비를 수용함으로써 우리는 적은 것에서 오는 자유와 기쁨, 새로운 활력을 경험할 수 있다.

◇◇◇

한 때 유명한 의사인 마크는 삶의 복잡성과 스트레스(stress)에 시달렸습니다. 그는 의사로서 바쁜 일정과 수많은 의무를 갖고 있었지만, 시간이 지날수록 점점 더 지칠 뿐이었습니다. 그는 잠을 제대로 자지도 못하고, 가족과 보내는 시간이 부족하며, 본인의 건강을 소홀히 하는 상황에 처해있었습니다.

어느 날, 마크는 자신이 이러한 고생을 하는 이유에 대해 깊이 생각하게 되었습니다. 그는 자신의 가치와 목표를 되돌아보고, 본래 원하던 삶과 현재의 상황 사이의 간극을 느끼게 되었습니다.

그때, 마크는 '많은 것을 갖으면 삶은 피곤해진다'라는 문구를 우연히 접하게 되었습니다. 이 문구는 그에게 큰 영감을 주었고, 물질적인 성취와 외부의 요구에만 집중하는 것이 아니라, 본질적인 가치와 내면적인 만족을 추구해야 한다는 것을 깨달았습니다.

마크는 자신의 일정과 의무를 점검하고 단순화하기 시작했습니다. 그는 더 이상 필요하지 않은 활동이나 의무를 줄이고, 시간과 에너지를 보다 의미 있는 일에 집중할 수 있게 되었습니다. 또한, 본인의 건강과 가족과의 연결을 우선시하여 균형을 찾는 방법을 찾았습니다.

결과적으로, 마크는 삶의 복잡성을 간소화함으로써 더 큰 만족과 안정감을 느끼게 되었고, 더 많은 시간과 에너지를 가족, 친구, 취미, 자기 개발 등과 같은 중요한 영역에 투자함으로써 더욱 행복하고 균형잡힌 삶을 살게 되었습니다.

위의 사례는 실생활에서 어떻게 적용할 수 있는지를 보여줍니다. 우리는 가진 것의 양보다는 가치와 의미 있는 경험에 초점을 맞추고, 필요 없는 부분을 간소화하여 더욱 풍요로운 삶을 누릴 수 있습니다.

★☆★ 요점정리

소유, 약속 또는 책임이 과도하게 쌓이면 에너지가 고갈되고 자기 계발을 방해할 수 있음을 이야기합니다.

자신의 가치와 열정에 부합하는 의미 있는 일에 우선순위를 두고, 물리적, 정신적 공간을 정리하여 미니멀리즘을 수용합니다.

마음챙김(Mindfulness)을 길러 스스로를 지나치게 혹사하고 있을 때를 알아차립니다.

시간, 에너지, 웰빙(well-being)을 보호하기 위해 건강한 경계를 설정해 봅니다.

균형을 유지하고 번아웃을 예방하기 위해 자기 관리를 실천합니다.

삶을 단순화하고, 진정으로 중요한 것에 집중하고, 웰빙(well-being)을 가꾸면 개인적인 성장과 성취감, 보다 의미 있는 삶을 위한 공간을 만들 수 있습니다.

온전히 나를 위해 살아라

자기계발과 성장을 추구하며 자신을 중심으로 삶을 살아가는 것을 의미한다.

우리 자신에 대한 인식과 수용을 강조한다. 우리는 자신의 강점과 약점을 알아야 하며, 자기 자신을 이해하고 받아들여야 한다. 자아 인식을 통해 우리는 내면의 욕구와 필요를 파악하고, 자기 존중과 자기 사랑을 실천할 수 있다.

자기를 위해 살아가는 것은 계속해서 성장하고 발전하는 것을 의미한다. 우리는 자신의 잠재력을 탐구하고, 지속적인 학습과 발전을 통해 개인적인 목표를 달성하고자 해야 한다. 자기계발은 삶의 다양한 영역에서 지식과 기술을 향상시키며, 더 나은 사람으로 성장하는 과정을 의미한다.

우리가 우선순위를 정하고 자신의 가치와 목표에 따라 행동하는 것을 이야기한다. 우리는 자신의 시간과 에너지를 관리하고, 자신에게 중요한 것들을 우선시해야 한다. 또한, 건강한 경계를 설정하여 자신의 필요와 욕구를 존중하고, 타인의 요구에 지나치게 맞추지 않는 것이 중요하다.

자기 책임을 가져야 함을 강조한다. 우리는 자신의 삶에 대한 선택과 결정을 내리는 주체로서 책임을 질 필요가 있다. 외부의 영향에 휘둘리지 않고 자신의 가치와 목표에 따라 행동하며, 삶의 주인공이 되어야 한다.

우리가 자신의 역량과 잠재력을 최대한 발휘하며 자아실현을 추구해야 함을 강조한다. 우리는 자신의 장점을 살려 더 나은 성과를 이루고, 내적인 성취와 삶의 의미를 느낄 수 있다. 이를 통해 삶의 만족감과 성취감을 얻을 수 있다.

자기계발의 핵심 원칙 중 하나로, 자신의 가치와 목표를 중심으로 한 삶을 추구하는 것을 의미한다. 이를 통해 우리는 더욱 의미 있는, 만족스러운 삶을 살아갈 수 있다.

"온전히 나를 위해 살아라"

진정성을 받아들이고 나만의 방식으로 삶을 살아가라는 이야기이다. 자신에게 진실해질 수 있도록 도와주는 재미있고 이해하기 쉬운 몇 가지 개념을 살펴보자.

자기 인식 수용하기 : 자신의 가치, 열정, 강점, 꿈 등 자신이 진정 누구인지 이해하는 시간을 가져보자. 자기 인식을 포용하면 자신의 선택과 행동을 진정한 자신과 일치시킬 수 있다.

개성 포용 : 자신의 독특함을 받아들이자. 자신의 기질, 관심사, 개인 스타일을 포용하고, 자신의 모습을 온전히 받아들일 때 진정한 자신과 공명하는 사람과 기회를 끌어들일 수 있다.

온전히 자신을 위해 살기 위해서는 지속적인 개인적 성장과 자기 계발이 필요하다. 개인적 성장의 우선순위를 정할 수 있는 재미있고 접근하기 쉬운 몇 가지 방법을 살펴보자.

열정 추구 : 즐거움을 선사하고 호기심을 자극하는 활동을 발견하고 참여해보자. 열정을 추구하는 것은 삶을 풍요롭게 할 뿐만 아니라 개인의 성장과 성취를 촉진한다.

평생 학습 : 배움을 멈추지 말자. 새로운 기술을 습득하고, 다양한 관점을 탐구하고, 지식을 넓히기 위해 스스로에게 도전하자. 평생 학습은 우리의 정신을 예리하게 유지하고 지적, 정서적으로 성장할 수 있게 해준다.

온전히 살기 위해서는 웰빙(well-being)을 우선시하고 균형 잡힌 라이프스타일을 만들어야 한다. 웰빙(well-being)과 균형을 기르기 위한 재미있고 접근하기 쉬운 몇 가지 방법을 살펴보자.

자기관리 : 몸과 마음, 영혼에 영양을 공급하는 자기 관리 활동에 우선순위를 두자. 여기에는 운동, 명상, 자연 속에서 시간 보내기, 마음챙김 (Mindfulness) 연습, 즐거움을 주는 취미와 관심사에 빠져들기 등이 포함될 수 있다.

경계 설정 : 시간, 에너지, 정서적 안녕을 보호하는 건강한 경계를 설정하는 방법을 배워보자. 이를 통해 자신의 가치관에 부합하고 전반적인 행복에 기여하는 활동과 관계의 우선순위를 정할수 있다.

온전히 자신을 위한 삶은 목적지가 아니라 현재 진행 중인 여정이다. 이 여정을 재미있고 쉽게 받아들일 수 있는 몇 가지 방법을 살펴보자.

회복탄력성 수용 : 인생은 우리에게 도전과 좌절을 안겨주지만, 다시 일어나 앞으로 나아갈 수 있게 하는 것은 회복탄력성이다. 모든 경험이 성장과 배움에 기여한다는 것을 알고 회복탄력성 있는 정신으로 여정을 받아들인다.

감사하는 마음 : 현재의 순간과 나를 형성하는 경험에 대해 감사하는 마음을 실천해보자. 감사를 포용하면 주변의 아름다움과 풍요로움에 마음을 열고 긍정적인 사고방식과 삶에 대한 깊은 감사를 키울 수 있다.

진정성을 받아들이고, 개인의 성장을 우선시하며, 웰빙 (well-being) 과 균형을 기르도록 힘을 실어주는 요청이다. 자신에게 진실하고, 열정을 추구하고, 웰빙 (well-being) 을 가꾸어 나감으로써 우리는 잠재력을 최대한 발휘하고 기쁨과 성취감, 개인적인 의미로 가득 찬 삶을 경험할 수 있다.

수미라는 젊은 여성이 있었는데, 자신의 삶이 막막하고 성취감이 없다고 느꼈습니다. 그녀는 더 의미 있는 무언가를 갈망했지만 어떻게 찾아야 할지 몰랐습니다. 어느 날 그녀는 '온전히 나를 위해 살아라'는 글귀를 발견했습니다. 자기 계발이라는 개념에 흥미를 느낀 수미는 개인적인 성장의 여정을 시작하기로 결심했습니다.

수미는 자신의 강점, 약점, 가치관을 돌아보며 자기 인식을 개발하는 것부터 시작했습니다. 그러던 중 다른 사람을 돕는 일에 대한 열정을 발견하고 상담 분야에서 경력을 쌓기로 결심했습니다. 명확한 목표를 염두에 두고 필요한 지식과 기술을 습득하기 시작했습니다. 수미는 상담 프로그램에 등록하고, 강연회에 참석하고, 해당 분야의 숙련된 전문가로부터 배울 수 있는 기회를 적극적으로 찾았습니다.

수미는 자기 계발의 여정을 진행하면서 도전과 좌절에 직면했습니다. 자기 의심이 들어와 자신의 능력에 의문을 품을 때도 있었습니다. 하지만 수미는 이러한 도전을 성장의 기회로 받아들였습니다. 그녀는 멘토에게 피드백을 구하고 이를 통해 자신의 기술을 다듬었습니다. 또한 그녀는 자기 성찰과 자기 관리 방법을 개발하여 기복이 심한 상황에서도 중심을 잡고 회복력을 유지하는 데 도움이 되었습니다.

시간이 지나면서 수미는 자신의 개인적인 성장 노력이 긍정적인 영향을 미치는 것을 목격했습니다. 그녀는 업무에 대한 자신감과 숙련도가 높아졌고, 그녀의 고객들은 삶에서 의미 있는 변화를 경험하기 시작했습니다. 하지만 수미의 여정은 여기서 멈추지 않았습니다. 그녀는 계속해서 지식을 넓히고, 컨퍼런스에 참석하고, 지속적인 전문성 개발에 참여했습니다. 수미는 자기계발이 단순한 목적지가 아니라 지속적인 학습과 성장의 평생 과정이라는 것을 깨달았습니다.

수미는 온전히 자신을 위해 살면서 깊은 성취감과 목적의식을 찾았습니다. 그녀는 사람들의 삶에 긍정적인 변화를 가져올 수 있는 기회에 감사했습니다. 수미의 이야기는 자기계발과 개인적 성장을 통해 진정한 열정을 발견하고 장애물을 극복하며 자신의 가치와 열망에 부합하는 삶을 만들 수 있다는 것을 일깨워줍니다. 이 여정에는 헌신과 회복탄력성, 그리고 끊임없이 더 나은 사람이 되기 위한 자신의 잠재력에 대한 믿음이 필요합니다.

★☆★ 요점정리

개인의 성장, 웰빙(well-being), 삶의 성취를 우선시하는 것을 의미합니다. 여기에는 자기 인식, 의미 있는 목표 설정, 가치에 부합하는 선택이 포함됩니다. 자기 인식, 목표 설정, 지속적인 학습, 개인적 성장 실천, 도전과 피드백 수용, 자기 관리 등 자기 계발은 이 과정의 핵심입니다. 자기 계발은 자신을 위해 온전히 산다는 것이 무엇을 의미하는지 정의하고 가치와 열망에 부합하는 의도적인 행동을 취해야 하는 특별한 여정입니다. 자기 계발에 투자함으로써 개인은 목적이 있고 성취감 있는 삶을 이룰 수 있습니다.

나의 생각을 상대방에게
명확하게 표현해야 한다

효과적인 의사소통과 개인적 성장에 있어 중요한 원칙이다. 자신의 생각을 명확하게 표현할 수 있을 때 다른 사람들과 연결하고, 이해하고, 협업하는 능력이 향상된다.

명확한 커뮤니케이션은 자기 인식에서 시작된다. 대화에 참여하기 전에 자신의 생각, 감정, 의도를 되돌아보는 시간을 가져보자. 이러한 인식은 자신을 보다 진정성 있고 명확하게 표현하는 데 도움이 된다.

생각을 표현하기 전에 의도를 명확하게 정의하자. 스스로에게 물어보자. 이 대화의 목적은 무엇인가? 무엇을 달성하거나 전달하고자 하는가? 의도가 명확하면 메시지의 집중도가 높아져 다른 사람들이 내 관점을 더 쉽게 이해할 수 있다.

효과적인 커뮤니케이션은 양방향 프로세스이다. 상대방의 생각, 감정, 관심사에 적극적으로 귀를 기울여보고 상대방의 비언어적 신호에 주의를 기울이고 공감과 이해의 태도를 보여주자. 진정으로 경청함으로써 상호 존중과 열린 대화의 환경을 조성하고, 상대방이 명확한 커뮤니케이션으로 화답하도록 한다.

표현하기 전에 생각을 구조화하고 일관된 방식으로 정리해보자. 전달하고자 하는 요점과 그 요점이 어떻게 연결되는지 고려하고, 논리적 추론, 예시, 일화 등을 사용하여 아이디어를 뒷받침하자. 명확하게 정리하면 오해를 방지하고 메시지를 명확하게 전달할 수 있다.

신중하게 단어를 선택하고 다른 사람이 쉽게 이해할 수 있는 방식으로 자신을 표현해보자. 문맥에 적절하지 않은 전문 용어나 지나치게 복잡한 언어는 피하고, 과도한 정보나 장황한 표현은 메시지를 희석시키고 효과적인 커뮤니케이션을 방해할 수 있으므로 간결하고 핵심만 전달한다.

커뮤니케이션에는 단순히 말하는 것뿐만 아니라 피드백을 구하고 오해의 소지가 있는 부분을 명확히 하는 것도 포함된다. 상대방이 질문을 하거나 자신의 해석을 공유하도록 하자. 피드백을 받을 때는 열린 마음으로 수용하는 자세를 취하면 커뮤니케이션 기술을 개선하고 상호 이해를 증진하는 데 도움이 된다.

효과적인 커뮤니케이션은 협업 과정임을 인식하여야 한다. 상대방의 입장에서 생각하고 상대방의 관점을 이해하려고 노력함으로써 공감대를 형성하자. 상대방의 관점이 나와 다르더라도 존중하고 이해하는 분위기를 조성하면 생산적이고 의미 있는 대화를 나눌 수 있는 공간이 만들어진다.

커뮤니케이션 기술은 언제나 향상될 수 있다. 지속적인 학습에 참여하고 커뮤니케이션 능력을 향상시킬 수 있는 기회를 찾아보자. 책을 읽거나 나에게 맞는 강좌를 수강하는 것도 한 방법이다. 다양한 환경에서 기술을 연습하고 피드백을 구하여 성장과 개선이 필요한 부분을 파악해 보자.

명확한 의사소통은 강력한 관계를 구축하고 갈등을 해결하며 개인적, 직업적 성장을 촉진하는 데 필수적이다. 자신의 생각을 다른 사람에게 명확하게 표현하는 데 집중하면 서로 연결하고, 협업하고, 다양한 관점을 이해하는 능력이 향상된다. 효과적인 커뮤니케이션을 자기계발의 원칙으로 받아들이면 의미 있는 관계를 구축하고 개인 및 업무 생활에서 긍정적인 결과를 창출할 수 있다.

"나의 생각을 상대방에게 명확하게 표현해야 한다"
우리의 생각을 효과적으로 전달하는 것의 중요성을 강조한다. 명확한 의사소통의 힘을 조명하는 몇 가지 재미있고 이해하기 쉬운 개념을 살펴보자.

명확한 커뮤니케이션 : 잘 조율된 악기처럼 명확한 커뮤니케이션은 개인 간의 조화로운 연결을 만들어낸다. 생각을 명확하게 표현하면 메시지가 이해되어 더 나은 관계와 더 깊은 유대감을 형성할 수 있다.

잘못된 커뮤니케이션의 영향 : 자신의 생각을 전달하려고 했지만 오해받거나 잘못 해석되는 시나리오를 상상해 보자. 잘못된 의사소통은 혼란, 좌절, 기회 상실로 이어질 수 있다. 명확한 의사소통은 이러한 함정을 피하고 의미 있는 상호 작용을 위한 길을 열어준다.

자신의 생각을 명확하게 표현하려면 특정 기술을 연마하고 효과적인 전략을 채택하는 것이 필수적이다. 커뮤니케이션을 개선할 수 있는 재미있고 접근하기 쉬운 몇 가지 방법을 살펴보자.

경청 : 효과적인 커뮤니케이션은 적극적인 경청에서 시작된다. 다른 사람의 말에 주의를 기울이고, 진정으로 관심을 보이며, 필요할 때 설명을 요구하자. 주의 깊게 경청하면 맥락을 이해하고 사려 깊게 대응할 수 있다.

생각 정리 : 아이디어를 공유하기 전에 잠시 시간을 내어 생각을 정리해보자. 논리적이고 일관성 있는 방식으로 메시지를 구성하면 명확성을 확보하고 다른 사람들이 여러분의 생각을 쉽게 따라갈 수 있다.

올바른 단어 선택 : 메시지를 정확하고 간결하게 전달할 수 있는

단어를 선택하자. 상대방을 혼란스럽게 할 수 있는 전문 용어나 복잡한 용어는 피하고, 간단하고 공감할 수 있는 용어를 사용하여 다른 사람들이 아이디어를 쉽게 이해할 수 있도록 한다.

명확한 의사소통은 개인적 영역과 업무 영역 모두에 많은 이점을 가져다준다. 명확한 커뮤니케이션이 삶에 긍정적인 영향을 미칠 수 있는 몇 가지 재미있고 접근하기 쉬운 방법을 살펴보자.

관계 강화 : 명확한 의사소통은 신뢰를 쌓고 이해를 증진하며 관계를 강화한다. 자신의 생각과 의도를 명확하게 표현하면 오해를 줄이고 효과적인 협업을 촉진할 수 있다.

문제 해결 능력 : 명확한 의사소통은 효과적인 문제 해결을 가능하게 한다. 자신의 생각을 명확하게 표현함으로써 문제를 명확히 하고, 해결책을 제안하고, 다른 사람들과 건설적인 토론에 참여할 수 있다.

자신감 회복 : 자신의 생각을 명확하게 표현하면 자신의 아이디어와 의견에 대한 자신감을 얻을 수 있다. 명확한 커뮤니케이션은 자기 표현, 열린 대화, 다양한 관점의 교환을 장려함으로써 개인의 성장을 지원한다.

명확한 커뮤니케이션이 주는 변화의 영향력을 강력하게 상기시켜 준다. 커뮤니케이션 기술을 연마하고, 적극적으로 경청하고, 생각을 정리하고, 올바른 단어를 선택함으로써 더 강력한 관계를 구축하고, 문제 해결 능력을 향상시키고, 개인의 성장을 촉진할 수 있는 잠재력을 발휘할 수 있다.

대중 연설에 대한 열정을 가진 알렉스라는 청년이 있었습니다. 그는 자신의 생각을 다른 사람들에게 명확하게 표현하는 것이 세상에 긍정적인 영향을 미칠 수 있는 열쇠라고 믿었습니다. 하지만 그는 종종 긴장 때문에 어려움을 겪었고 자신의 생각을 효과적으로 전달하는 데 어려움을 느꼈습니다.

커뮤니케이션 기술을 공부하기로 결심한 알렉스는 지역 토스트마스터즈 클럽에 가입하여 대중 연설을 연습할 수 있는 기회를 가졌습니다. 정기적인 모임과 동료 회원들의 건설적인 피드백을 통해 그는 생각을 정리하고 간결한 단어를 사용하며 자신감 있게 메시지를 전달하는 방법을 배웠습니다.

알렉스는 성장의 길을 계속 걸어가면서 효과적인 커뮤니케이션은 말하기뿐만 아니라 적극적인 경청도 중요하다는 것을 깨달았습니다. 그는 다른 사람의 관점과 관심사를 이해하려고 노력하면서 진정으로 경청하는 자세를 배우기 시작했습니다. 서로 다른 관점에 공감하고 존중함으로써 그는 관계를 구축하고 열린 대화를 촉진하는 힘을 발견했습니다.

어느 날 알렉스는 커뮤니티 행사에서 연설을 해달라는 초대를 받고, 자신의 생각을 명확하고 간결하게 전달하기 위해 몇 주 동안 준비하였습니다. 그는 무대에 서서 심호흡을 한 후 열정과 진정성을 담아 자신의 생각을 공유하기 시작했습니다. 청중은 그의 말에 매료되었고, 참여와 영감을 주는 그의 능력에 대해 긍정적인 피드백을 받았습니다.

이 경험에 고무된 알렉스는 계속해서 커뮤니케이션 기술을 공부하였고 그 과정에서 귀중한 지침을 제공하고 자신의 메시지에 대해 비판적으로 생각하도록 도전하는 멘토를 찾았습니다. 또한 지속적인 학습의 중요성을 인식하고 워크샵과 컨퍼런스에 참석하여 효과적인 커뮤니케이션 기술에 대한 최신 정보를 얻었습니다.

시간이 지남에 따라 알렉스의 향상된 커뮤니케이션 기술은 새로운 기회의 문을 열었습니다. 그는 인기 있는 연사가 되어 자신의 통찰력을 공유하고 다른 사람들이 자신의 생각을 명확하고 확신 있게 표현하도록 영감을 주었습니다. 하지만 알렉스는 외부의 인정보다 자신이 형성한 인맥과 사람들의 삶에 끼친 긍정적인 영향이 진정한 가치라는 것을 깨달았습니다.

알렉스의 이야기는 헌신과 연습, 자기계발에 대한 노력을 통해 커뮤니케이션의 어려움을 극복할 수 있다는 사실을 일깨워 줍니다. 자신의 생각을 다른 사람에게 명확하게 표현함으로써 의미 있는 관계를 구축하고 변화에 영향을 미치며 세상에 긍정적인 파급 효과를 일으킬 수 있습니다. 알렉스처럼 우리에게는 말을 효과적으로 사용하여 주변 사람들의 삶을 변화시킬 수 있는 힘이 있습니다.

★☆★ 요점정리

효과적인 대인 관계와 개인적 성장을 위해서는 명확한 의사소통이 필수적입니다. 다른 사람에게 자신의 생각을 명확하게 표현하려면 자기인식을 개발하고, 의도를 명확히 하고, 적극적으로 경청하고, 생각을 정리하고, 명확한 언어를 사용하고, 피드백을 구하고, 공감과 존중을 실천하고, 지속적인 학습에 참여하는 것이 중요합니다. 커뮤니케이션 기술을 연마함으로써 다른 사람과의 이해, 협업, 의미 있는 관계를 촉진하여 개인적, 직업적 성장에 기여합니다.

일을 미루는 사람은
어리석은 사람이다

일을 미루는 행위의 부정적인 결과와 이 습관을 극복하는 중요성에 대한 의미를 내포하고 있다. 미루기란 과제를 미루거나 연기하는 행동을 의미하며, 이로 인해 증가하는 스트레스(stress), 놓치는 기회, 생산성의 저하 등의 문제가 발생할 수 있다.

일에 대한 적절한 대응과 성취를 위해 미루기 습관을 극복해야 한다는 점을 강조한다. 개인이 자신의 미루기 경향을 돌아보고 이러한 해로운 습관을 극복하기 위한 방법을 찾으라고 하는 역할을 한다.

미루기를 어리석은 행동으로 여기는 것은 적절한 대응과 효과적인 행동에는 지혜가 있다는 것을 이야기한다. 중요한 과제를 지속적으로 미루는 사람들은 자신의 최선의 이익을 저해하고 성장과 성취의 잠재력을 제한하고 있다는 의미한다.

미루기의 근본적인 원인을 인식하고 적극적으로 대처해야 한다. 미루기의 일반적인 원인으로는 실패에 대한 두려움, 동기 부족, 시간 관리의 어려움, 과제에 대한 압박 등이 있다. 이러한 근본적인 요인을 인식하고 이를 극복하기 위한 전략을 개발함으로써 미루기 습관을 극복하고 생산성을 향상시킬 수 있다.

자기 계발은 효과적인 시간 관리 기술을 채택하고 현실적인 목표를 설정하며 과제를 작은 단계로 나누어 관리하는 것을 포함한다. 훈련과 자기 동기부여를 배양하고 성장 마인드셋을 발전시키는 것도 필요하다. 이는 실패를 배우고 개선의 기회로 활용하는 것을 장려하는 태도이다.

적극적인 행동에 대한 호소로, 개인이 자기 계발을 우선시하고 생산성을 향상시키며 지속적인 성장을 추구하도록 하는 메시지이다. 미루기의 부정적인 영향을 인식하고 이를 극복하기 위해 조치를 취함으로써, 다양한 측면에서 더 큰 성공을 이룰 수 있다.

"일을 미루는 사람은 어리석은 사람이다"

다음과 같은 재미있고 알기 쉬운 개념들을 통해 미루는 행동의 의미를 알아보자.

시간의 노예 : 미루는 행동은 우리를 시간의 노예로 만들 수 있

다. 우리가 해야 할 일을 미루면서 그 일이 계속해서 우리를 시간적으로 압박하고 스트레스(stress)를 유발한다. 일을 미루는 행동은 우리의 삶을 더 복잡하고 어렵게 만들 수 있다.

미루는 행동을 피하기 위해서는 몇 가지 습관을 바꾸고 효과적인 전략을 채택해야 한다.

마음 단련 : 일을 미루는 이유 중 하나는 우리 마음의 약점에 있을 수 있다. 우리가 하려는 일에 집중하고 자기관리하는 습관을 통해 마음을 단련해야 한다. 명상, 일기 쓰기, 계획 세우기 등으로 자기관리 능력을 향상시킬 수 있다.

작은 목표부터 시작하기 : 큰 일을 해결하기 전에 작은 목표부터 시작해보자. 작은 목표를 이루면서 성취감을 느끼고, 동기부여를 얻을 수 있다. 이를 통해 일을 미루지 않고 진행하는 습관을 기를 수 있다.

동료의 도움 : 때로는 우리 스스로 일을 미루게 되는 경우도 있다. 이때 동료나 가족의 도움을 받아보자. 동료와 협력하고 상호지원하는 과정에서 일을 미루지 않고 책임감을 가질 수 있다.

일을 미루는 행동의 의미를 강조하는 이야기이다. 마음을 단련하고 작은 목표부터 시작하며 동료의 도움을 받으면 미루는 행동을 극복하고 성취감을 느낄 수 있다.

◇◇◇

월트 디즈니의 이야기입니다. 디즈니는 디즈니랜드와 같은 세계적인 엔터테인먼트 제국을 창조한 인물로 알려져 있습니다. 그러나 그의 성공은 미루기와의 전투를 거치며 이루어졌습니다.

디즈니는 원래 애니메이션 스튜디오에서 처음으로 만화영화를 만들기 위해 아이디어를 가지고 있었지만, 수차례의 실패와 장기간의 경제적 어려움으로 인해 이를 실행하지 못했습니다. 그러나 디즈니는 미루기에 대한 자신의 어리석음을 깨닫고, 끊임없는 열정과 결단력을 갖고 아이디어를 실현하기 위해 노력했습니다.

결국 디즈니는 미루기를 극복하고 애니메이션 영화 '백설공주와 일곱 난쟁이'를 성공적으로 제작했습니다. 이는 디즈니 애니메이션의 시작이 되었고, 그 후 디즈니는 세계적인 엔터테인먼트 기업으로 성장하게 되었습니다.

이 사례는 미루기를 극복하고 끈질긴 노력을 통해 성공을 이룰 수 있다는 것을 보여줍니다. 디즈니의 경험은 미루기에 대한 어리석은 행동을 극복하고 자기계발을 통해 성공을 이루는데 영감을 줄 수 있는 사례 중 하나입니다.

★☆★ 요점정리

일을 미루는 행위의 부정적인 결과와 극복의 중요성을 강조합니다. 미루기를 어리석은 행동으로 여기며, 성장과 성취를 위해 미루기 습관을 극복해야 한다는 메시지를 전달합니다. 자기계발을 위해 미루기의 원인을 인식하고 적극적인 대처를 통해 생산성을 향상시키고 지속적인 성장을 추구해야 한다는 점을 강조합니다..

애써 좋은 사람이 될
필요는 없다

자기계발적인 관점에서 바라봤을 때, 우리는 항상 완벽하게 좋은 사람이 되려고 애쓸 필요는 없다는 의미를 내포하고 있다. 이 구문은 자기 수용과 자기 성장에 대한 중요성을 강조한다.

자기 계발은 자신을 개선하고 성장하기 위한 노력을 포함한다. 그러나 이는 완벽하게 좋은 사람이 되어야 한다는 압박감을 갖는 것이 아니라, 자신을 이해하고 받아들이며 발전해 나가는 과정이다. 우리는 모두 완벽하지 않고 부족한 측면을 가지고 있으며, 그것을 받아들이는 것이 중요하다.

우리 자신을 이해하고 용인하며, 실수와 약점을 인정하면서도 계속해서 발전하고 성장할 수 있다는 메시지를 전달한다. 이는 자기 자신에 대한 자비로움과 이해를 통해 더욱 건강하고 긍정적인 자아 개발을 추구할 수 있다는 것을 의미한다.

완벽하게 좋은 사람이 되는 것보다는 개인적인 가치와 목표에 따라 계속해서 발전하고 자기 자신을 개선해 나가는 것이다. 우리는 각자의 유일한 경험과 잠재력을 가지고 있으며, 주변의 기대나 외부적인 기준에만 맞추기보다는 자기 자신의 가치를 인정하고 추구하는 것이 중요하다.

완벽하게 좋은 사람이 되기 위해 압박을 받을 필요 없이, 자기 수용과 성장을 통해 자아를 발전시키고 가치를 실현할 수 있다는 자기계발적인 인식을 강조한다.

"애써 좋은 사람이 될 필요는 없다"

먼저 '좋은 사람'이 된다는 것이 무엇을 의미하는지에 대해 간략하게 다시 한 번 살펴보자. 전통적으로 우리는 착한 사람을 항상 친절하고 동정심이 많으며 한 치의 실수도 없는 사람으로 생각한다. 하지만 이것이 좋은 사람이 되는 유일한 길일까?

파티에 참석했는데, 즐거운 시간을 보내고 모두를 웃게 만드는 방법을 아는 사람이 한 명 있다고 상상해 보자. 그 사람의 전염성 있는 즐거움이 들불처럼 번져 행복한 분위기를 조성한다.

우리 모두 실수한 적이 있지 않나요? 불완전함은 선함의 적이 아니다. 오히려 강력한 스승이 될 수 있다. 인생에서 실수를 저지르며 비틀거렸지만, 회복력과 결단력으로 다른 사람들에게 영감을 준

결점이 있는 사람들을 생각해 보자. 그들의 이야기는 우리가 불완전한 상태에서도 긍정적인 영향을 미칠 수 있다는 것을 보여준다.

◇◇◇

불완전함에도 불구하고 세상에 긍정적인 영향을 끼친 몇 가지 사례를 살펴보자.

윈스턴 처칠 : 전 영국 총리였던 윈스턴 처칠은 제2차 세계대전 당시 리더십으로 유명했다. 처칠은 전략적으로 탁월하고 영국 국민을 결집하는 능력으로 존경받았지만, 결점이 많은 복잡한 인물이기도 했다. 그는 평생 우울증과 싸웠으며 고집스럽고 뻔뻔하다는 평판을 얻었다. 하지만 그의 확고한 결단력과 영감을 주는 연설은 영국인들이 나치의 침략에 저항하고 궁극적으로 승리를 거두도록 동기를 부여하는 데 결정적인 역할을 했다.

마하트마 간디 : 인도 독립 운동의 저명한 지도자 마하트마 간디는 비폭력 저항과 평화 운동의 상징으로 널리 알려져 있다. 하지만 간디에게도 결점이 없는 것은 아니었다. 그는 개인적인 관계에 어려움을 겪었고 특정 사회 문제에 대한 그의 견해는 비판을 받았다. 간디의 결점에도 불구하고 정의, 평등, 비폭력에 대한 간디의 헌신은 수백만 명에게 영감을 주었고 인도가 영국 통치로부터 독립할 수 있는 길을 열었다.

스티브 잡스 : 애플의 공동 창립자인 스티브 잡스는 혁신적인 제품과 선구적인 접근 방식으로 기술 업계에 혁명을 일으켰다. 그러나 그는 까다롭고 때로는 거친 경영 스타일로 유명했다. 잡스는 항상 함께 일하기 좋은 사람은 아니었지만, 탁월함을 향한 그의 타협하지 않는 추구와 아이폰과 아이

패드와 같은 획기적인 제품을 구상하고 창조하는 능력은 우리가 기술과 상호작용하는 방식을 변화시켜 세상에 지속적인 영향을 남겼다.

이러한 사례는 결점과 불완전함이 있는 개인도 사회에 긍정적인 기여를 할 수 있다는 것을 보여준다. 이들의 영향력은 독특한 재능과 인내심, 그리고 다른 사람들의 삶에 끼친 깊은 영향력에서 비롯된다. 이는 완벽한 사람은 없으며, 우리의 행동과 성취가 진정으로 우리의 유산을 형성한다는 사실을 상기시켜 준다.

알버트 아인슈타인의 이야기입니다. 아인슈타인은 물리학 분야에서 뛰어난 업적을 이룬 과학자로 알려져 있습니다. 그러나 그의 어린 시절에는 언어 발달이 느려 사람들이 그를 '바보'로 여겼습니다.

아인슈타인은 일찍부터 학교에서 성적이 좋지 않았고, 기술적인 지식에 대해서도 관심이 없었습니다. 그러나 그는 자유로운 상상력과 독창적인 사고력을 가지고 있었고, 과학과 수학에 대한 열정을 갖게 되었습니다.

아인슈타인은 일반적인 교육 체계에 맞지 않는 학교에서도 자기 주도적으로 공부하며 자신만의 방식으로 세계를 탐구하였습니다. 그는 실험과 상상력을 결합하여 혁신적인 과학적 발견을 이루었습니다. 그의 성과는 결국 상상력과 독창성이 중요한 과학 분야에서 그의 업적을 인정받게 되었습니다.

이 사례는 '애써 좋은 사람이 될 필요는 없다'라는 주장과 연결됩니다. 아인슈타인은 일반적인 학업 성취나 사회적인 평가에 의존하지 않고 자신만의 독창적인 접근 방식과 열정을 통해 성공을 이루었습니다. 그는 자기 수용과 성장을 통해 자아를 발전시키고 가치를 실현한 예시로, 자기계발은 완벽함을 추구하는 것이 아니라 개인적인 잠재력을 탐구하고 발전시키는 과정이라는 것을 보여줍니다.

★☆★ 요점정리

자기계발적인 관점에서 완벽하게 좋은 사람이 되는 압박을 받을 필요 없이, 자기 수용과 성장을 통해 자아를 발전시키고 가치를 실현할 수 있다는 의미를 내포합니다. 이는 우리가 완벽하지 않고 부족한 면이 있음을 받아들이면서도, 자기를 이해하고 개선하며 성장하는 과정을 추구하는 것이 중요하다는 메시지를 전달합니다. 자기 자신에 대한 자비로움과 이해를 가지며, 개인적인 가치와 목표에 따라 계속해서 발전하고 성장해 나갈 수 있다는 것을 강조합니다.

살아가면서 절대 하면
안 되는 일이 있다

인생에는 절대로 해서는 안 되는 일들이 있으며, 이를 이해하는 것은 자기계발과 개인적 성장에 도움이 될 수 있다. 최고의 자신을 향한 여정에서 귀중한 교훈과 알림이 될 수 있다.

개인의 성장을 방해하거나 발전을 저해하거나 부정적인 결과를 초래할 수 있는 특정 아이디어나 생각을 인식하는 것을 이야기한다. 자기 계발의 관점에서 이 개념에 대해 좀 더 자세히 알아보자.

타인에게 해를 끼치는 행위 : 다른 사람에게 의도적으로 해를 끼치거나 고통을 주지 않는 것이 중요하다. 여기에는 신체적, 정서적 또는 심리적 피해가 포함된다. 타인에 대한 공감, 연민, 존중을 키우는 것은 건강한 관계를 구축하고 긍정적인 환경을 조성하는 데 매우 중요하다.

자신의 가치관에 반하는 행동 : 자신의 핵심 가치와 모순되는 방식으로 행동하면 내면의 갈등과 진정한 자신과의 단절감을 초래할 수 있다. 자신의 가치관을 파악하고 그에 맞게 행동하는 것이 중요하다. 자신의 가치관에 충실하면 정직함과 강한 자아를 구축할 수 있다.

꿈 포기하지 않기 : 꿈과 열망을 포기하지 않는 것이 중요하다. 열정과 목표를 추구하는 것은 개인의 성장과 성취를 촉진한다. 회복력, 인내심, 적응력이 필요할 수 있지만 꿈을 향한 여정은 변화와 보람을 가져다줄 수 있다.

개인적 성장을 소홀히 하는 경우 : 개인적 성장을 회피하고 안전지대에서 정체되면 잠재력이 제한될 수 있다. 지속적인 학습, 새로운 경험 추구, 도전 수용은 자기계발에 필수적이다. 이를 통해 시야를 넓히고 새로운 기술을 습득하며 자신과 주변 세계에 대해 더 깊이 이해할 수 있다.

자기관리 소홀 : 신체적, 정신적, 정서적 웰빙(well-being)을 소홀히 하면 전반적인 삶의 질에 해로운 영향을 미칠 수 있다. 균형 잡힌 라이프스타일 유지, 마음챙김(Mindfulness) 연습, 의미 있는 관계 형성 등 자기관리 활동의 우선순위를 정하는 것은 최적의 건강과 활력을 유지하는 데 매우 중요하다.

목적 없는 삶 살기 : 인생에서 목적의식을 발견하고 추구하는 것은 필수적이다. 자신의 가치관에 부합하고 타인의 행복에 기여하는 의미 있는 노력에 참여하면 깊은 성취감과 만족감을 느낄 수 있다. 목적 중심의 삶을 살면 삶의 방향과 동기를 부여하고 의미 있는 삶을 살 수 있다.

인생에서 절대로 해서는 안 되는 일을 인정함으로써 개인의 성장과 웰빙(well-being)을 지원하는 선택을 능동적으로 할 수 있다. 이러한 원칙을 수용하면 보다 의미 있고 만족스러운 삶의 여정으로 이어질 수 있으며, 주변 사람들에게 긍정적인 영향을 미치면서 최고의 자신이 될 수 있다.

"살아가면서 절대 하면 안 되는 일이 있다"

인생은 우리에게 수많은 선택의 순간을 선사하며, 그 중 일부는 선택하지 않는 것이 좋다. '절대 해서는 안 되는 일'의 의미를 재미있고 이해하기 쉬운 방식으로 알아보자.

뜨거운 스토브 : 뜨거운 스토브(stove)를 마주친다고 상상해보자. 화상을 입을 수 있으므로 만지지 말아야 한다는 것을 본능적으로 알고 있다. 마찬가지로, 인생의 특정 행동은 부정적인 결과를 초래할 수 있으며, 이를 인식하고 피하는 것이 중요하다.

실수로부터 배우기 : 인생은 배움의 여정이며 때때로 우리는 실

수를 저지르기도 한다. 다른 사람의 실수를 인정하고 반성함으로써 실수를 반복하지 않고 자신의 길을 더 순조롭고 보람 있게 만들 수 있다.

개인의 경계를 이해하고 존중하는 태도를 기르는 것은 만족스러운 삶을 영위하는 데 매우 중요하다. 이해하기 쉬운 관점으로 이 측면을 살펴보자.

건강한 관계 : 춤에서와 마찬가지로 건강한 관계에는 상호 존중, 신뢰, 배려가 필요하다. 경계를 넘거나, 신뢰를 배반하거나, 타인을 무시하면 이러한 관계에 해를 끼칠 수 있다. 절대로 해서는 안 되는 행동의 한계를 아는 것은 건강한 관계를 유지하는 데 도움이 된다.

생활 속 교통 규칙 : 교통 규칙이 없는 세상을 상상해 보자. 거짓말, 속임수, 고의로 타인에게 상처를 주는 등의 행동을 피하면 상호 작용을 존중하고 긍정적인 환경을 조성할 수 있다.

절대로 해서는 안 되는 행동을 이해함으로써 우리는 개인의 성장에 발맞추고 더 밝은 미래를 만들 수 있다.

경험의 지혜 : 인생은 우리에게 소중한 교훈을 가르쳐 주며, 절

대로 해서는 안 되는 일을 인식하는 것은 경험에서 얻은 지혜의 결과이다. 피할 수 있는 실수는 성장의 기회이며, 앞으로 더 나은 선택을 할 수 있도록 도와준다.

긍정적으로 생각하기 : 부정적인 행동을 피하면 우리 자신과 다른 사람과의 상호작용에서 긍정성을 키울 수 있다. 하지 말아야 할 일 대신 해야 할 일에 집중함으로써 개인의 성장, 행복, 의미 있는 관계를 위한 공간을 만들 수 있다.

우리가 현명한 선택을 하고 만족스러운 삶을 영위하는 데 도움이 되는 가이드 역할을 한다. 경계를 이해하고, 타인을 존중하며, 경험을 통해 배움으로써 우리는 우아하고 성실하게 인생의 난관을 헤쳐 나갈 수 있다. 이러한 지혜를 받아들여 '안 되는' 목록을 피하고 긍정, 성장, 의미 있는 관계로 가득한 삶을 만들어 나간다.

재능 있고 야심찬 전문가 사라를 만나보세요. 그녀는 언젠가 자신의 사업을 시작해서 재정적인 독립을 이루는 것을 꿈꿉니다. 하지만, 사라는 종종 미루고 자신을 의심하는 함정에 빠집니다. 그녀는 반복적으로 자신의 목표를 향해 행동하는 것을 미루면서 스스로에게 이렇게 말합니다. '저는 언젠가 제 사업 아이디어를 만들기 시작할 것입니다.'

하루는 몇 주로, 몇 주는 몇 달로, 몇 달은 몇 년으로 바뀌며 사라는 자신의 꿈을 실현하는 데 거의 근접하지 못한다는 것을 알게 됩니다. 그녀는 주위의 다른 사람들이 그들의 목표를 추구하고 성공을 이루는 반면, 그녀는 결정과 두려움의 순환에 갇혀 있는 것을 봅니다.

사라는 자신의 꿈을 향해 필요한 조치를 취하지 않음으로써 자신을 억제해 왔다는 것을 깨닫습니다. 그녀는 자신의 꿈을 이루고 싶다면 미루는 습관과 자신을 의심하는 습관에 절대 굴복해서는 안 된다는 것을 인식합니다. 그녀는 시간이 귀중한 자원이고 그것을 현명하게 사용할 필요가 있다는 것을 이해합니다.

이 깨달음으로 사라는 스스로 부과한 한계에서 벗어나기로 결심합니다. 그녀는 구체적인 계획을 세우고, 달성 가능한 이정표를 세우고, 목표를 향해 일관된 행동을 취합니다. 그녀는 자신에게 영감을 주고 동기를 부여하는 멘토와 같은 마음을 가진 사람들로 구성된 네트워크로 자신을 둘러싸고 있습니다.

사라는 또한 실패에 대한 두려움을 버리는 법을 배우고 좌절과 도전과 함께 오는 교훈을 받아들입니다. 그녀는 실패가 성공을 향한 여정의 자연스러운 부분이며 실수로부터 배우고 계속해서 나아가는 것이 중요하다는 것을 이해하였습니다.

이 과정을 통해 사라는 개인적인 성장을 경험하고 그녀의 기업가적인 노력의 진전을 보기 시작합니다. 그녀는 미루기, 자기 의심, 두려움의 함정을 피함으로써 자신의 꿈을 향해 적극적으로 노력하고 자신이 꿈꾸는 삶을 창조할 수 있다는 것을 깨닫습니다.

이 전형적인 사례는 개인의 성장과 성취를 방해하는 행동과 사고방식을 인식하는 것의 중요성을 강조합니다. 인생에서 절대 해서는 안 될 일들이 있다는 것을 이해함으로써, 예를 들어 미루고, 자신을 의심하고, 행동을 취하는 것을 피하는 것과 같은, 사라와 같은 개인은 한계에서 벗어나 자신의 목표를 적극적으로 추구할 수 있고, 궁극적으로 개인적인 성취와 성공으로 이어질 수 있습니다.

★☆★ 요점정리

개인의 성장을 방해하는 제한적인 신념이나 부정적인 생각을 인식하는 것을 의미합니다. 여기에는 자기 성찰, 감성 지능, 지원 요청, 성장 마인드 포용이 포함됩니다. 이러한 원치 않는 생각을 인정하고 해결함으로써 우리는 자기 인식을 키우고, 의식적인 선택을 하며, 보다 만족스러운 삶을 위한 개인 개발을 촉진할 수 있습니다.

맺고 끊는 것이 중요하다

다른 사람과의 관계 형성 및 연결의 가치를 강조하는 동시에, 더 이상 성장에 도움이 되지 않는 관계를 평가하고 필요하다면 끊어내는 것의 중요성을 인식하는 것이다.

다른 사람들과 좋은 관계를 맺는 것은 개인 성장의 기본이다. 의미 있는 관계는 지원과 격려, 새로운 관점을 제공할 수 있다. 같은 생각을 가진 개인, 멘토 또는 친구와의 관계를 적극적으로 모색함으로써 시야를 넓히고 귀중한 통찰력을 얻으며 개인 개발 여정을 향상시킬 수 있다.

다양한 사람들과 관계를 맺으면 다양한 배경, 문화, 관점을 접할 수 있다. 서로 다른 생각과 경험을 가진 사람들과 교류하면 세상에 대한 이해의 폭이 넓어지고 자신의 신념에 도전하게 된다. 다양성을 포용함으로써 개인의 성장과 공감, 그리고 삶에 대한 보다 미묘한 관점을 키울 수 있다.

관계를 구축하려면 감성 지능과 공감이 필요하다. 여기에는 적극적으로 경청하고, 타인의 감정을 이해하고, 자신의 생각과 감정을 효과적으로 전달하는 것이 포함된다. 이러한 기술을 개발함으로써 우리는 다른 사람들과 더 깊은 수준에서 연결하고, 의미 있는 관계를 형성하며, 갈등이나 도전을 건설적으로 헤쳐 나가는 능력을 향상시킬 수 있다.

인맥을 쌓는 것도 중요하지만, 그 관계가 더 이상 우리의 가치, 목표 또는 개인적 성장에 부합하지 않을 때를 인식하는 것도 그에 못지않게 중요하다. 독이 되거나, 성취감을 주지 못하거나, 발목을 잡는 관계를 끊으면 더 건강하고 서로에게 도움이 되는 관계를 위한 공간을 만들 수 있다. 더 이상 도움이 되지 않는 관계를 끊는 데는 용기가 필요하지만, 그렇게 함으로써 개인적 해방감을 얻고 성장을 촉진하는 새로운 관계의 문을 열 수 있다.

관계를 맺고 끊는 일에는 자기 성찰과 건강한 개인적 경계 설정도 포함된다. 자신의 필요, 가치, 열망을 평가함으로써 성장과 웰빙(well-being)에 부합하는 인맥을 능동적으로 선택할 수 있다. 경계를 설정하면 자신의 한계를 명확히 전달하고 상호 존중하며 개인 개발에 도움이 되는 환경을 조성함으로써 건강한 관계를 유지하는 데 도움이 된다.

시간이 지남에 따라 인맥이 변화하거나 진화할 수 있음을 인식하는 것은 자기계발에 필수적이다. 사람은 성장하고 그 경로가 다양해지기 때문에 특정 관계를 끊어야 할 수도 있다. 변화를 수용함으로써 우리는 적응하고 새로운 관계를 탐색하며 개인적인 성장 여정을 계속할 수 있다.

우리가 관계를 발전시키고, 다양성을 포용하고, 관계를 평가하고, 개인의 성장을 포용하는 데 의도적으로 노력할 것을 권장한다. 현명하게 선택하고 육성할 때 관계는 우리를 변화시키고 힘을 실어줄 수 있다는 사실을 상기시켜 준다. 우리의 성장을 지원하는 관계를 지속적으로 추구하고 필요할 때 놓아줄 수 있는 용기를 가짐으로써 우리는 평생 동안 개인 개발, 자기 성취, 의미 있는 관계를 위한 토대를 마련할 수 있다.

"맺고 끊는 것이 중요하다"

재미있고 이해하기 쉬운 방법으로 관계 구축의 중요성을 이해하는 것부터 시작해 보자.

우정의 정원 : 인생을 아름다운 정원으로 상상하고, 우리가 맺는 각각의 관계가 씨앗을 심는 것과 같다고 생각해 보자. 배려와 관심, 공유된 경험으로 이러한 관계를 가꾸어 나간다면 우리 삶에 기쁨과 지원, 사랑을 가져다주는 우정이 가득한 정원을 만들 수

있다.

네트워킹 모험 : 관계를 구축하는 것은 흥미진진한 모험을 떠나는 것이라고 생각하자. 새로운 보물을 찾는 탐험가처럼, 우리는 다양한 사람들과 연결하고 아이디어를 교환하며 시야를 넓혀간다. 이러한 연결은 우리의 삶을 풍요롭게 할 뿐만 아니라 새로운 기회와 지식, 경험을 얻을 수 있는 문을 열어준다.

이제 서로를 존중하고 개인의 성장을 촉진하는 방식으로 관계를 끝내는 기술을 살펴보자.

직소 퍼즐 : 인생은 거대한 직소 퍼즐과 같아서 때로는 특정 관계가 더 이상 큰 그림에 맞지 않을 때가 있다. 퍼즐에서 한 조각을 조심스럽게 떼어내어 알맞은 조각을 찾는 것처럼, 더 이상 도움이 되지 않는 관계와 결별하면 새로운 관계와 개인적 성장을 위한 공간을 확보할 수 있다.

옷장 정리 : 관계를 정리하는 것은 감정의 옷장을 정리하는 것과 같다고 생각해보자. 더 이상 내 스타일에 맞지 않는 옷을 버리듯이, 더 이상 가치관, 목표 또는 전반적인 웰빙(well-being)에 부합하지 않는 관계를 정리하는 것이 중요하다. 이 과정을 통해 새롭고 더 만족스러운 관계가 우리 삶에 들어올 수 있는 공간이 만들어진다.

관계의 구축과 종료 사이의 균형을 찾는 것의 중요성에 대해 알아보자.

소셜 태피스트리 : 우리의 삶은 우리의 관계를 나타내는 다양한 실로 이루어진 아름답게 짜여진 태피스트리와 같다. 관계의 구축과 종료 사이의 균형을 찾음으로써 우리는 개인의 성장과 성취를 반영하는 조화로운 태피스트리를 만들 수 있다.

진정성의 힘 : 관계를 '만들고 끊는' 기술은 우리 자신에게 진실해지는 것이다. 우리의 가치, 필요, 열망을 존중함으로써 우리는 진정한 자신과 일치하는 관계를 끌어들일 수 있다. 이러한 진정성은 우리에게 기쁨과 성취감을 가져다주는 더 깊고 의미 있는 관계를 형성한다.

우리 인생의 여정에서 필수적인 부분이다. 관계를 구축하는 것은 지원과 기쁨, 새로운 기회로 우리 삶에 영양분을 공급한다. 동시에 더 이상 도움이 되지 않는 관계를 끊으면 개인적인 성장을 위한 공간을 확보하고 보다 만족스러운 삶을 가꿀 수 있다.

연결을 만들고 끊는 것의 중요성을 잘 보여주는 이야기가 있습니다.

마야라는 젊은 아티스트가 있었습니다. 마야는 자신의 예술에 열정을 가지고 있었고 개인적으로나 전문적으로 성장하기를 원했습니다. 다른 사람들로부터 배우기로 결심한 그녀는 동료 아티스트, 멘토, 업계 전문가와의 관계를 적극적으로 모색했습니다.

마야는 미술 워크샵에 참석하고, 온라인 커뮤니티에 가입하고, 지역 미술 행사에 참여했습니다. 이러한 노력을 통해 영감을 주는 재능 있는 아티스트를 만나 지식을 공유하고 작품에 대한 귀중한 피드백을 받았습니다. 이러한 인맥은 마야의 예술적 기량을 확장했을 뿐만 아니라 창의력을 자극하고 예술 커뮤니티에 소속감을 부여했습니다.

하지만 마야는 인맥을 통해 분별력의 중요성도 배웠습니다. 그녀는 몇 가지 해로운 관계와 에너지를 소모하는 인맥을 만났습니다. 이러한 사람들은 그녀의 성장을 지원하지 않았고 종종 그녀의 예술가의 꿈을 방해하였습니다..

마야는 이러한 관계가 자신의 자존감과 발전에 부정적인 영향을 미친다는 사실을 깨닫고 이러한 관계를 끊기로 어려운 결정을 내렸습니다. 힘든 결정이었지만 그녀는 자신의 개인적인 성장과 웰빙 (well-being) 이 가장 중요하다는 것을 이해했습니다.

마야는 이러한 건강하지 못한 관계를 끊음으로써 새롭게 서로를 지지하는 관계가 번창할 수 있는 공간을 만들었습니다. 자신의 재능을 믿어주고 새로운 예술적 스타일을 탐구하도록 격려해 주는 멘토를 찾았습니다. 또한 마야는 자신의 비전을 공유하고 예술적 경계를 넓힐 수 있는 협업 기회를 제공한 동료 아티스트들과도 연결되었습니다.

인맥을 쌓고 끊는 여정을 통해 마야는 개인적으로 큰 성장을 경험했습니다. 그녀는 예술적 기술을 연마하고 귀중한 통찰력을 얻었으며, 앞으로 나아갈 수 있게 도와주는 동료들을 만나게 되었습니다.

마야는 예술가로서 계속 발전해 나가면서 새로운 인맥을 형성하고 기존 인맥을 평가하는 데 열린 자세를 유지했습니다. 그녀는 인맥이 고정된 것이 아니며 개인이 변화하고 성장함에 따라 관계도 변화한다는 것을 인식했습니다. 마야는 인맥을 형성하고 끊는 것이 자기계발 여정의 자연스러운 일부라는 생각을 받아들였습니다.

결국, 의미 있는 관계를 만들고 건강하지 않은 관계를 끊을 수 있는 용기를 가진 마야의 헌신은 그녀의 예술적 경력을 발전시키는 원동력이 되었습니다. 그녀는 재능뿐만 아니라 자신의 성장을 촉진하고 다른 사람들에게 영감을 주는 강력한 인맥 네트워크를 구축하는 능력으로 유명한 아티스트가 되었습니다.

마야의 이야기는 인맥을 쌓고 끊는 것이 개인의 성장과 성공에 필수적인 부분이라는 것을 알려줍니다. 이 이야기는 도움이 되는 관계를 찾고, 우리가 유지하는 관계에 대해 분별력을 가지며, 발전을 방해하는 관계는 과감히 끊을 수 있는 용기를 갖는 것이 중요하다는 점을 강조합니다. 신중한 관계 형성을 통해 우리는 자기계발 여정에서 우리를 고양시키고 힘을 실어주는 개인 네트워크를 만들 수 있습니다.미루고 자신을 의심하는 함정에 빠집니다. 그녀는 반복적으로 자신의 목표를 향해 행동하는 것을 미루면서 스스로에게 이렇게 말합니다. '저는 언젠가 제 사업 아이디어를 만들기 시작할 것입니다.'

★☆★ 요점정리

의미 있는 연결을 형성하는 것은 개인적인 성장에 중요합니다.

다양한 사람들과 연결을 맺음으로써 새로운 시각과 경험을 얻을 수 있습니다.

감정 지능과 공감능력을 발전시키면서 진정성 있는 연결을 형성할 수 있습니다.

관계를 평가하고 필요한 경우 연결을 끊는 것은 건강한 발전을 위한 중요한 요소입니다.

자기 반성과 개인적인 경계를 설정하는 것이 핵심입니다.

변화와 발전을 받아들이며 연결의 유연성을 이해하는 것이 중요합니다.

이러한 원칙을 따르면 의미 있는 연결을 형성하고 개인적인 성장을 위해 필요하지 않은 연결을 끊음으로써 개인 발전을 도모할 수 있습니다.

당신 내면의 목소리를 들어라

제 삶에서 깊은 공감을 불러일으키는 강력한 개념이다. 이 개념은 직관, 내면의 지혜, 진정한 자아에 귀 기울이는 것의 중요성을 강조한다. 내면의 목소리에 진정으로 귀를 기울일 때 우리는 변화하는 자기 계발의 여정을 시작할 수 있다.

　내면의 목소리에 귀를 기울이는 것은 자기 인식을 개발하는 것에서 시작된다. 자기 인식에는 자신의 생각, 감정, 욕구, 가치관에 조율하는 것이 포함된다. 내면의 목소리에 주의를 기울이면 진정한 자아에 대한 통찰력을 얻고 자신의 열정, 강점, 성장 영역을 이해할 수 있다. 자기 인식은 자신의 진정한 정체성에 부합하는 의식적인 선택을 할 수 있도록 도와줌으로써 자기 계발의 토대를 마련한다.

　종종 직관이나 직감으로 나타난다. 내면의 직감은 의사 결정과 인생의 난관을 헤쳐나가는 데 있어 우리를 안내한다. 직관을 신뢰하는 법을 배우면 논리적 추론을 뛰어넘는 소중한 지혜의 원천을 활용할 수 있다. 직관을 존중하면 더 깊은 열망에 부합하는 선택을 할 수 있고 개인적인 성취감으로 이어질 수 있다.

진정한 자아와 개인적인 진실을 반영한다. 내면의 목소리에 귀를 기울이면 자신의 행동, 선택, 태도를 진정한 자신과 일치시킬 수 있다. 내면의 목소리를 수용하면 진정한 자기 표현이 가능해져 성취감과 타인과의 유대감을 키울 수 있다. 내면의 목소리를 존중하면 다른 사람들도 그렇게 하도록 초대하여 진정성 있고 의미 있는 관계를 형성할 수 있다.

어려움을 헤쳐나가고 결정을 내릴 때 나침반이 될 수 있다. 내면의 목소리는 딜레마나 불확실성에 직면했을 때 통찰력, 지혜, 지침을 제공한다. 내면의 목소리에 귀를 기울이면 내면의 자원에 접근하여 자신의 가치와 장기적인 비전에 부합하는 선택을 할 수 있다. 내면의 목소리를 신뢰하면 자신감과 회복탄력성을 가지고 장애물을 헤쳐 나갈 수 있다.

내면의 목소리에 귀를 기울이는 것은 개인적인 성장과 성취를 위한 촉매제이다. 내면의 목소리는 안전지대를 벗어나 열정을 추구하고 진정한 자아에 부합하는 기회를 받아들이도록 장려한다. 내면의 목소리를 존중함으로써 자기 발견을 위한 변화의 여정을 시작하고, 지속적으로 진화하며 최고의 자아가 될 수 있다.

내면의 목소리에 진정으로 귀를 기울이려면 마음챙김 (Mindfulness)을 기르고 자기 성찰을 연습하는 것이 필수적이다. 고요함과 성찰을 위한 공간을 만들면 내면의 속삭임을 더 명확하게 들을 수 있다. 규칙적인 명상, 일기 쓰기, 조용한 묵상은 외부의 소음을 잠재우고 내면의 지혜와 소통하는 데 도움이 될 수 있다.

내면의 목소리는 나만의 고유한 것이며 시간이 지남에 따라 진화할 수 있다는 점을 기억하자. 인내심과 연습, 불확실성을 기꺼이 받아들이려는 의지가 필요하다. 내면의 목소리를 수용하고 경청하면 진정성, 직관, 개인적 성장에 따라 자기계발 여정을 시작하여 보다 성취감 있고 목적 지향적인 삶을 살 수 있다.

"당신 내면의 목소리를 들어라"
재미있고 이해하기 쉬운 방법으로 내면의 목소리에 귀 기울이는 것의 중요성을 이해하는 것부터 시작해 보자.

내면의 목소리가 인생의 사운드트랙을 회전시키는 DJ라고 상상해 보자. 숙련된 DJ가 군중을 읽는 것처럼, 내면의 목소리는 감정, 욕구, 가치관에 맞춰 진정한 자신과 공명하는 선택과 행동을 하도록 안내한다.
내면의 목소리는 인생의 우여곡절을 헤쳐 나갈 수 있도록 안내하는 믿을 수 있는 GPS라고 생각하자. 내면의 지시에 귀를 기울이면 길을 잃지 않고 자신 있게 결정을 내리고 기쁨과 성취감을 주는 목적지로 가는 길을 찾을 수 있다.

이제 내면의 목소리에 귀를 기울이면 어떻게 진정한 자아와 조화를 이루며 살아갈 수 있는지 살펴보자.

진정성 : 인생은 웅장한 교향곡과 같으며, 내면의 목소리는 가치관, 열정, 꿈이라는 다양한 악기를 하나로 모으는 지휘자 역할을 한다. 이 지휘자의 목소리에 귀를 기울이면 자신의 핵심 본질과 공명하고 고유한 빛을 끌어내는 진정성의 교향곡을 만들 수 있다.

목소리에 귀를 기울이자 : 내면의 목소리에 맞춰 행동하는 것은 마치 좋아하는 음악에 맞춰 춤을 추는 것과 같다. 댄서가 리듬에 맞춰 춤을 추는 것처럼 목적의식, 기쁨, 성취감을 느끼며 삶을 살아갈 수 있다. 내면의 목소리에 귀를 기울이면 자신의 행복의 박자에 맞춰 움직일 수 있다.

직관을 신뢰하고 직관이 만들어내는 멜로디를 받아들이는 것의 중요성에 대해 알아보자.

마음챙김 DJ : 내면의 목소리는 직관과 조화를 이루며 작동하며, 현재에 집중하고 마음챙김 (Mindfulness) 을 유지하면 직관의 선명도를 높일 수 있다. DJ가 그 순간의 에너지에 맞춰 음악을 조율하는 것처럼, 내면의 목소리는 현재 상황에 맞게 조정하여 최고의 선에 부합하는 선택을 하도록 안내한다.

재생 목록 : 내면의 목소리는 개인의 성장과 성취에 기여하는 고유한 경험의 재생 목록을 큐레이션한다. 그 안내를 신뢰하면 기쁨, 배움, 자기 발견의 순간으로 가득한 인생의 여정을 형성하는 아름다운 멜로디 모음을 만들 수 있다.

결론적으로, 내면의 목소리에 귀를 기울이는 것은 인생의 댄스 플로어를 안내하는 개인 DJ를 만나는 것과 같다. 내면의 지혜에 귀를 기울이면 진정한 자아와 조화를 이루고, 가치에 부합하는 선택을 하며, 더 깊은 기쁨과 성취감을 경험할 수 있다.

내면의 목소리에 귀 기울이는 것의 힘을 보여주는 이야기가 있습니다.

에밀리라는 젊은 여성이 자신의 직업을 알아보고 있었습니다. 그녀는 안정적이고 유망해 보이는 직업을 알아보고 있었습니다. 하지만 에밀리는 마음속 깊은 곳에서 무언가 빠진 느낌이 들었습니다. 그녀는 자신의 진정한 열정과 단절된 느낌을 받았고 일에 대한 목적 의식을 갈망했습니다.

어느 날 에밀리는 자기계발 강연회에 참석하던 중 내면의 목소리를 따르는 것의 중요성을 강조하는 한 연사의 강연을 듣게 되었습니다. 연사는 사회적 기대와 불확실성에도 불구하고 자신의 진정한 소명을 추구하기 위해 어떻게 믿음의 도약을 했는지에 대한 개인적인 이야기를 들려주었습니다. 에밀리는 마음속에서 꿈틀거림을 느꼈습니다. 그녀는 자신이 영혼 깊은 곳에서 울려 퍼지는 소명을 무시하고 자신의 내면의 목소리를 억누르고 있었다는 사실을 깨달았습니다. 강사의 이야기에서 영감을 받은 그녀는 자기 발견의 여정을 시작하고 자신의 내면의 목소리에 귀를 기울이기로 결심했습니다.

에밀리는 자기 성찰에 참여하고, 자신의 열정을 탐구하고, 기쁨과 성취감을 가져다주는 활동을 파악하는 것으로 시작했습니다. 그녀는 실용적인 직업 선택에 가려져 있던 글쓰기에 대한 깊은 사랑을 발견했습니다. 글쓰기는 그녀의 생각과 감정, 창의성을 표현할 수 있게 해주었고, 그녀의 내면에 불을 지폈습니다.

새로운 깨달음을 얻은 에밀리는 자신의 진로를 글쓰기 분야로 전환하기로 용기 있게 결정했습니다. 그녀는 글쓰기 강좌를 수강하고, 워크숍에 참석하고, 다른 작가들과 만남을 가졌습니다. 앞으로의 길은 불확실했지만 에밀리는 자신의 진정한 자아에 대한 깊은 동질감을 느꼈습니다.

에밀리는 글쓰기 경력을 쌓아가면서 도전과 의심의 순간에 직면했습니다. 하지만 그때마다 그녀는 내면으로 눈을 돌려 내면의 목소리에 귀를 기울이며 지침을 구했습니다. 그 목소리는 에밀리에게 자신의 열정과 목적, 그리고 글을 쓰면서 경험한 성취감을 상기시켜 주었습니다. 내면의 목소리를 더 많이 신뢰할수록 그 목소리는 좌절을 극복하고 앞으로 나아갈 수 있도록 그녀를 인도했습니다.

시간이 지나면서 에밀리의 글은 인정을 받기 시작했습니다. 그녀는 작품을 발표하고 긍정적인 피드백을 받았으며 책 계약까지 성사시켰습니다. 그녀는 글을 통해 다른 사람들의 삶에 감동을 주었고, 그들이 자신의 내면의 목소리를 받아들이고 진정한 열정을 추구하도록 영감을 주었습니다.

에밀리의 이야기는 내면의 목소리에 귀를 기울이는 것의 변화하는 힘을 보여줍니다. 진정한 자아를 존중하고 자신의 진정한 소명을 따름으로써 그녀는 커리어에서 성취감과 목적, 성공을 찾았습니다. 그녀의 여정은 우리 내면 깊은 곳에 우리의 진정한 욕망과 열망을 아는 안내자가 있다는 사실을 일깨워 줍니다. 내면의 목소리에 귀를 기울이고 용기를 내어 따를 때 우리는 진정성, 의미, 개인적 성취감을 느낄 수 있는 삶의 잠재력을 발견할 수 있습니다.

★☆★ 요점정리

직관, 진정한 자아, 내면의 지혜에 귀 기울이는 것의 중요성에 대해 이야기합니다. 여기에는 자기 인식 개발, 직관 신뢰, 진정한 자아 표현, 도전 과제 탐색, 의식적인 의사 결정, 개인적 성장 촉진, 마음챙김(Mindfulness) 연습 등이 포함됩니다. 내면의 목소리를 존중함으로써 자아를 발견하는 변화의 여정을 시작하고 진정한 정체성과 열망에 부합하는 보다 만족스러운 삶을 살 수 있습니다.

매일을 긍정적인 생각과
감사하는 마음으로 살아라

긍정적으로 살아라는 이야기는 제 삶에서 큰 의미를 지니고 있다. 이는 행복, 회복력, 성장을 촉진하는 자기 계발에 대한 마음가짐과 접근 방식을 나타낸다.

긍정적인 생각을 키우는 것은 자기 계발의 기본 요소이다. 여기에는 의식적으로 삶의 밝은 면에 집중하고, 가능성을 인정하며, 낙관적인 전망을 유지하는 것이 포함된다. 긍정적인 생각은 도전을 극복하고 동기를 유지하며 희망과 가능성을 가지고 삶에 접근하도록 힘을 실어준다. 의도적으로 긍정적인 방향으로 생각을 유도함으로써 우리는 인식과 감정을 형성하고 궁극적으로 행동에 영향을 미친다.

감사를 실천하는 것은 개인의 성장을 촉진하는 변화하는 습관이다. 여기에는 우리 삶에 존재하는 크고 작은 축복을 인정하고 감사하는 것이 포함된다. 감사하는 마음가짐을 키우면 부족한 것에서 이미 가지고 있는 것으로 초점을 옮길 수 있다. 감사는 현재의 순간에서 기쁨을 찾고, 관계를 강화하며, 깊은 만족감을 키울 수 있게 해준다. 또한 회복탄력성을 향상시켜 역경 속에서도 은혜와 교훈에 감사하는 마음으로 헤쳐 나갈 수 있게 해준다.

긍정적인 생각과 감사하는 마음으로 매일을 사는 것은 마음챙김(Mindfulness)과 밀접하게 연관되어 있다. 지금 이 순간에 온전히 집중하면 생각, 감정, 주변 환경에 대한 인식을 키울 수 있다. 마음챙김(Mindfulness)은 부정적인 사고 패턴을 관찰하고, 제한적인 믿음에 도전하며, 의식적으로 긍정적인 생각과 감사를 선택할 수 있게 해준다. 마음챙김(Mindfulness)을 실천함으로써 우리는 반응을 통제하고 스트레스(stress)를 줄이며 보다 긍정적이고 감사하는 마음가짐을 키울 수 있다.

내면의 대화는 우리의 생각과 감정에 큰 영향을 미친다. 긍정적인 자기 대화와 긍정의 말을 하는 것은 강력한 자기 계발 방법이다. 의식적으로 자신을 고양하고 격려하는 말을 선택함으로써 우리는 자신감을 키우고 자존감을 높이며 긍정적인 사고방식을 함양할 수 있다. 긍정은 잠재의식을 재프로그래밍하여 우리의 생각을 열망과 일치시키고 자존감과 자신감을 키우는 데 도움이 된다.

하루하루를 살아가면 회복탄력성이 향상되고 개인의 성장이 촉진된다. 긍정적인 사고방식은 좌절을 학습과 성장의 기회로 바라볼 수 있게 해준다. 감사는 어려운 상황에서 얻을 수 있는 교훈과 축복에 감사하는 데 도움이 된다. 긍정과 감사로 삶에 접근함으로써 우리는 회복력과 적응력, 변화를 수용하고 역경에 맞서 번창하는 마음가짐을 키울 수 있다.

긍정적이고 감사하는 마음가짐은 개인의 성장에 도움이 될 뿐만 아니라 다른 사람들과의 관계와 유대감도 강화한다. 긍정과 감사로 상호 작용에 접근할 때, 우리는 의미 있는 관계를 끌어당기는 따뜻하고 매력적인 에너지를 키울 수 있다. 감사를 표현하고 다른 사람을 격려함으로써 우리는 긍정적이고 서로를 지지하는 환경에 기여하고, 더 깊은 유대감을 키우며 긍정의 파급 효과를 만들어낸다.

긍정적인 생각과 감사하는 마음으로 하루하루를 사는 것은 변화하는 자기 계발 실천이다. 이를 통해 우리는 사고방식을 형성하고, 도전을 헤쳐 나가고, 회복탄력성을 키우고, 더 깊은 유대감을 형성할 수 있다. 의식적으로 긍정적인 생각을 선택하고 감사를 표현함으로써 우리는 개인의 성장과 행복, 그리고 보다 만족스러운 삶을 위한 토대를 만들 수 있다.

"매일을 긍정적인 생각과 감사하는 마음으로 살아라"
긍정적인 생각의 중요성을 재미있고 쉬운 방법으로 이해하는 것부터 시작해 보겠다.

음악적 사고방식 : 여러분의 마음이 긍정적인 노래로 가득 찬 주크박스라고 상상해 보자. 좋아하는 음악이 기분을 좋게 하는 것처럼 긍정적인 생각은 관점을 형성하고 기분을 좋게 하며 생활에 조화로운 리듬을 만들어 준다.

에너지 교환 : 긍정적인 생각은 자석처럼 긍정성을 끌어당기는 활기찬 에너지를 발산한다. 긍정적인 생각을 키우면 스스로를 고양시킬 뿐만 아니라 주변 사람들에게도 긍정성을 전파하여 즐거운 행복의 교향곡을 만들 수 있다.

이제 감사의 리듬에 맞춰 그루브를 타며 감사가 우리 삶에 미치는 영향을 살펴보자.

감사 리믹스 : 감사를 좋아하는 노래를 리믹스하는 DJ라고 생각하세요. 감사를 받아들이면 자신을 둘러싼 아름다움과 축복에 감사하게 된다. 감사는 평범한 순간을 특별한 순간으로 바꾸어 인생의 사운드트랙에 기쁨과 만족의 비트를 더한다.

긍정의 파문 : 감사는 잔잔한 호수에 조약돌을 떨어뜨린 것과 같아서 긍정의 파문을 일으킨다. 사람, 경험, 사소한 일에도 감사를 표현하면 긍정적인 분위기가 증폭되어 다른 사람의 삶에 영향을 미치는 행복의 도미노 효과를 만들어낸다.

긍정적인 생각과 감사하는 마음으로 매일을 사는 것이 어떻게 우리의 전반적인 웰빙 (well-being) 을 향상시키는지 살펴보자.

행복 플레이리스트 : 긍정적인 생각과 감사로 가득 찬 개인화된 재생 목록으로 하루를 보낸다고 상상해 보자. 의식적으로 삶의 긍정적인 측면에 집중하고 감사를 표현함으로써 즐겁고 만족스러운 하루를 보낼 수 있는 분위기를 조성할 수 있다.

심신의 조화 : 긍정적인 생각과 감사는 마음과 몸의 조화로운 춤을 만들어낸다. 긍정적인 사고방식을 기르고 감사를 표현하면 정신적, 정서적 웰빙 (well-being) 에 영양을 공급하여 신체적 건강과 전반적인 행복을 향상시킬 수 있다.

긍정적인 생각과 감사로 하루하루를 사는 것은 나만의 행복 플레이리스트에 맞춰 그루브를 타는 것과 같다. 긍정성을 키우고, 감사를 받아들이고, 기쁨을 전파함으로써 여러분은 자신의 삶과 그 너머에 울려 퍼지는 행복의 교향곡을 만들 수 있다.

긍정적인 생각과 감사로 하루하루를 살아가는 것의 힘을 보여주는 이야기가 있습니다.

릴라라는 젊은 여성이 있었는데, 그녀는 자신의 삶에서 부정적인 것에만 집중하는 경향이 있었습니다. 그녀는 종종 도전과 좌절에 압도당하는 자신을 발견했고, 이러한 부정적인 사고방식은 그녀의 전반적인 웰빙 (well-being) 과 행복에 타격을 주기 시작했습니다.

그러던 어느 날 릴리는 긍정적인 사고와 감사의 힘에 관한 책을 발견했습니다. 흥미를 느낀 그녀는 책에 있는 내용을 한 번 시도해 보기로 결심하고 매일 긍정적인 생각과 감사하는 마음으로 살아가기로 결심했습니다.

릴리는 마주치는 모든 상황에서 긍정적인 것을 찾으려는 목적을 세우는 것으로 하루를 시작했습니다. 잘못된 일에 연연하기보다는 긍정적인 면, 교훈을 얻은 점, 어려움 속에 숨겨진 기회를 찾았습니다. 그녀는 낯선 사람의 친절한 말 한마디나 아주 사소한 일에도 기쁨과 감사를 느낄 수 있다는 것을 깨달았습니다.

릴리에게 감사는 일상적인 습관이 되었습니다. 매일 밤 잠자리에 들기 전, 릴리는 잠시 시간을 내어 하루를 되돌아보고 삶의 축복에 대해 감사를 표현했습니다. 사랑하는 사람들의 지원, 자연의 아름다움, 개인적인 성취 등 릴리는 이러한 감사의 순간을 인정하고 소중히 여겼습니다.

릴리는 긍정적인 생각과 감사하는 마음으로 하루하루를 살아가면서 마음가짐과 전반적인 웰빙 (well-being) 에 큰 변화가 있음을 느꼈습니다. 그녀는 더 낙관적이고 회복탄력적이며 만족감을 느꼈습니다. 릴리가 직면한 어려움은 더 이상 그녀를 압도하지 않았고, 대신 성장과 기회라는 마음가짐으로 접근했습니다.

릴리의 사고방식은 변화했을 뿐만 아니라 인간관계도 꽃을 피웠습니다. 그녀의 긍정적인 에너지와 감사하는 태도는 전염성이 있어 같은 생각을 가진 사람들을 그녀의 삶으로 끌어들였습니다. 릴리는 가족, 친구, 동료들과의 관계에서 진정한 감사와 긍정적인 시각이 빛을 발하면서 더 깊은 관계를 형성했습니다.

시간이 지나면서 릴리는 긍정적인 생각과 감사하는 마음으로 하루하루를 사는 것이 삶의 방식이 되었다는 것을 깨달았습니다. 그것은 삶의 기복에 대한 자연스러운 반응이 되었습니다. 그녀는 자신의 경험을 형성하고 주변 세계에 영향을 미치는 마음가짐의 힘을 깨달았습니다.

릴리는 여정을 통해 긍정과 감사가 일시적인 감정이 아니라 매일 의도적으로 선택하는 것임을 깨달았습니다. 이 원칙은 그녀의 관점을 변화시키고, 웰빙 (well-being) 을 향상시키며, 인간관계를 풍요롭게 하는 지침이 되었습니다.

릴리의 이야기는 의식적으로 긍정적인 생각과 감사를 키우면 우리 삶을 변화시킬 수 있는 힘이 있다는 것을 일깨워줍니다. 긍정적인 면에 집중하고, 우리가 가진 축복에 감사하며, 어려움 속에서 교훈을 찾는 것이 중요하다는 점을 강조합니다. 긍정적인 생각과 감사하는 마음으로 하루하루를 살아간다면 행복과 회복력, 의미 있는 관계로 가득한 삶을 만들 수 있습니다.

★☆★ 요점정리

행복, 회복력, 성장을 촉진하는 혁신적인 자기계발 실천법입니다. 여기에는 의식적으로 낙관적인 생각을 선택하고 삶의 밝은 면에 집중함으로써 긍정적인 사고방식을 기르는 것이 포함됩니다. 감사를 실천하면 현재 순간에 대한 감사하는 마음을 키우고 어려움에 직면했을 때 회복력을 향상시킬 수 있습니다. 마음챙김(Mindfulness), 자기 대화, 긍정은 긍정적인 사고방식을 유지하는 데 중요한 역할을 합니다. 이러한 사고방식은 개인의 성장을 촉진하고, 관계를 강화하며, 우리 삶과 타인의 삶에 긍정적인 파급 효과를 일으킵니다.

간절히 원한다면
맞서 싸워야 한다

이 말은 우리의 가장 깊은 욕망과 열망을 추구하기 위한 결단력, 인내, 행동의 중요성을 강조한다.

무언가를 위해 싸우려면 먼저 우리가 진정으로 원하는 것이 무엇인지 명확히 이해해야 한다. 이를 위해서는 자기 성찰 그리고 열정과 목표를 파악하는 것이 필요하다. 목적의 명확성을 확보함으로써 우리는 행동과 노력을 진정으로 중요한 것에 맞춰 조정하여 자기 계발을 위한 강력한 토대를 마련할 수 있다.

원하는 것이 무엇인지 파악했다면 구체적이고 측정 가능하며 현실적인 목표를 설정해야 한다. 목표는 로드맵과 방향 감각을 제공하여 원하는 결과를 실행 가능한 단계로 세분화한다. 목표는 집중력을 유지하고 동기를 부여하며 자기 개선의 여정에 전념할 수 있도록 도와준다.

흔들리지 않는 결단력과 인내가 필요하다. 이는 장애물, 좌절, 자기 의심에 직면했을 때 포기하지 않는 것을 의미한다. 우리는 기꺼이 도전을 극복하고 실패로부터 배우며 어려움 속에서도 계속 전진할 수 있어야 한다. 회복탄력성과 포기하지 않는 태도를 기르는 것은 개인의 성장과 포부를 이루기 위해 매우 중요하다.

단순히 무언가를 원하는 것만으로는 충분하지 않으며, 일관되고 의도적인 행동을 취해야 한다. 여기에는 안전지대에서 벗어나 불편함을 받아들이고 목표를 향해 가시적인 노력을 기울이는 것이 포함된다. 행동을 취하면 추진력이 생기고 기회가 창출되며 원하는 목표에 더 가까이 다가갈 수 있다. 우리가 내딛는 한 걸음 한 걸음이 아무리 작더라도 우리의 성장과 궁극적인 성공에 기여한다.

원하는 것을 얻기 위해 싸우려면 종종 우리를 방해할 수 있는 제한적인 믿음에 맞서고 극복해야 한다. 이러한 신념은 자신감을 약화시키고, 스스로 만든 장벽을 만들고, 발전을 방해할 수 있다. 제한적인 신념에 도전하고 힘을 실어주는 신념으로 대체함으로써 우리는 잠재력을 확장하고 더 큰 가능성을 열어갈 수 있다.

우리가 원하는 것을 위해 싸우는 여정에는 지속적인 학습과 적응이 수반된다. 이를 위해서는 새로운 기술을 습득하고, 지식을 추구하며, 피드백과 개인적 성장에 개방적이어야 한다. 우리는 기꺼이 변화를 수용하고 전략을 조정하며 그 과정에서 접근 방식을 개선해야 한다. 이러한 유연성과 기꺼이 배우려는 의지가 있기에 우리는 도전 속에서 진화하고 탄력성을 유지할 수 있다.

우리가 원하는 것을 위해 싸울 때, 아무리 작은 것이라도 우리의 진전을 축하하는 것이 중요하다. 그 과정에서 이룬 성과와 이정표를 인식하고 인정하면 동기 부여가 강화되고 결의를 지속할 수 있다. 진전을 축하하는 것은 긍정적인 사고방식을 강화하고 계속 앞으로 나아갈 수 있도록 격려한다.

제 삶에서 위의 말은 제 목표와 꿈을 적극적으로 추구하도록 상기시켜주는 역할을 한다. 장애물을 극복하고 집중력을 유지하며 도전에 직면했을 때 회복력을 유지하도록 동기를 부여한다. 이러한 결단력 있는 마음가짐을 받아들이고 결단력 있는 행동을 취함으로써 저는 자기계발과 개인적 성장을 도모하고 궁극적으로 저의 가장 깊은 열망을 성취할 수 있다.

"간절히 원한다면 맞서 싸워야 한다"

원하는 것을 위해 싸우는 것의 중요성을 재미있고 쉬운 방법으로 이해하는 것부터 시작해 보겠다.

영웅의 여정 : 여러분의 목표와 꿈이 궁극적인 퀘스트가 되어 여러분의 인생이 장대한 모험이라고 상상해 보자. 영웅이 여정에서 도전과 전투에 직면하는 것처럼, 여러분도 내면의 전사를 소환하

여 꿈을 현실로 바꾸기 위해 싸워야 한다.

장애물 극복 : 여러분의 목표는 신비로운 영역 깊숙한 곳에 숨겨진 귀중한 보물이라고 생각하자. 이 보물을 차지하려면 결단력, 회복력, 흔들리지 않는 정신을 가져야 한다. 장애물을 극복하고 한계를 뛰어넘어야만 기다리고 있는 보상에 도달할 수 있다.

이제 원하는 것을 위해 싸우는 데 필요한 마음가짐에 대해 알아보자.

전투의 함성 : 내면의 전사를 불러일으키고 강력한 전투의 함성을 울려 퍼뜨리자! 전투의 함성은 목표를 끊임없이 추구하려는 여러분의 흔들리지 않는 의지와 결의를 나타낸다. 이 함성은 용기를 북돋우고 열정을 불태우며 어떤 도전에도 맞설 수 있도록 힘을 실어준다.

훈련의 장 : 전사가 전투를 위해 기술을 연마하고 훈련을 하는 것처럼, 여러분도 장애물을 극복하는 데 필요한 기술, 지식, 사고방식을 개발하는 데 시간과 노력을 투자해야 한다. 지속적인 학습을 받아들이고, 멘토의 지도를 받으며, 전투에서 승리하는 데 필요한 도구를 갖추어야 한다.

원하는 것을 위해 싸우는 것이 어떻게 승리와 개인적 성장을 가져다주는지 살펴보자.

성장의 전장 : 목표를 달성하는 과정에서 직면하는 각 전투는 성장과 자아 발견의 기회를 제공한다. 승리하든 좌절에 직면하든, 배운 교훈과 얻은 힘은 개인적 성장 여정의 일부가 되어 더 강하고 현명한 개인으로 성장한다.

만족감과 성취 : 원하는 것을 위해 전심전력을 다해 싸울 때 승리는 더욱 큰 보람을 선사한다. 힘든 싸움 끝에 목표를 달성했을 때의 만족감과 성취감은 그 무엇과도 비교할 수 없다. 또한 회복탄력성, 내면의 힘, 그리고 내면에 잠재된 무한한 가능성을 일깨워준다.

결론적으로, 간절히 원하는 것이 있다면 내면의 전사를 불러일으키고 그것을 위해 싸워야 한다. 성공을 향한 여정에서 도전, 장애물, 좌절에 직면할 때 결단력, 회복력, 전사의 마음가짐을 가져야 한다. 여러분이 싸우는 전투와 그 과정에서 경험하는 성장이 승리를 더욱 달콤하게 만든다는 사실을 기억하자.

원하는 것을 위해 싸우는 것이 얼마나 중요한지 잘 보여주는 이야기가 있습니다.

음악에 대한 깊은 열정을 가진 경아라는 젊은 여성이 있었습니다. 어릴 적부터 유명한 피아니스트가 되어 자신의 재능을 세상과 나누고 싶다는 꿈을 꾸었습니다. 하지만 경아는 음악적 열망을 이루기까지 수많은 어려움에 직면했습니다.

재능과 뛰어남에도 불구하고 경아는 그 과정에서 장애물에 부딪혔습니다. 경아는 자기 의심, 재정적 제약, 사회적 기대에 부딪혀 음악 경력을 쌓는 것을 포기해야 했습니다. 하지만 마음속 깊은 곳에서는 음악에 대한 열정이 무시하기에는 너무 강하다는 것을 알고 있었습니다.

경아는 꿈을 이루려면 그 꿈을 위해 싸워야 한다는 것을 깨달았습니다. 그녀는 스스로에게 확고한 약속을 하고 결단력 있는 행동을 취하기로 결심했습니다. 그녀는 자신의 기술을 연마하는 데 수많은 시간을 할애하면서 연습하고 기술을 향상시킬 기회를 찾았습니다. 경아는 자신의 재능을 믿어주고 지도와 지원을 아끼지 않는 멘토를 찾았습니다.

피아니스트가 되기 위해 노력하는 과정에서 경아는 수많은 거절과 좌절에 직면했습니다. 하지만 그녀는 좌절에 좌절하지 않고 오히려 이를 성장의 원동력으로 삼았습니다. 매번 거절당할 때마다 교훈을 얻었고, 더 열심히 노력하고 탁월함을 위해 노력할 수 있는 동기가 되었습니다. 경아는 좌절이 여정의 자연스러운 부분이라는 것을 이해했고, 좌절이 자신을 정의하는 것을 거부했습니다.

그 과정에서 경아는 자기 의심의 순간을 겪었고 사회적 규범에 순응해야 한다는 압박감에 시달렸습니다. 하지만 음악에 대한 열정은 싸워서 쟁취할 가치가 있다는 믿음을 굳건히 지켰습니다. 그녀는 자신을 지지하는 친구와 멘토들로 구성된 네트워크에 둘러싸여 자신에게 충실할 수 있도록 격려받았습니다.

인내와 흔들리지 않는 결단력을 통해 경아의 실력과 자신감은 계속 성장했습니다. 그녀는 작은 공연장에서 공연을 하고 다른 사람들과 음악을 공유하기 시작했습니다. 그녀의 공연은 사람들의 마음을 움직였고 점차 그녀의 재능을 인정받기 시작했습니다.

경아는 꿈을 향해 계속 도전하면서 그 여정 자체가 자신을 변화시키고 있다는 것을 깨달았습니다. 도전과 승리를 통해 그녀는 회복력과 자신감을 키웠고 자신의 능력에 대한 깊은 이해를 얻었습니다. 경아는 자신이 원하는 것을 위한 싸움이 단순히 외적인 성공을 달성하는 것뿐만 아니라 그 과정에서 경험한 내적인 성장도 중요하다는 것을 깨달았습니다.

그러던 어느 날, 경아의 헌신과 재능이 유명 음악 프로듀서의 눈에 띄었습니다. 그녀는 자신의 앨범을 녹음하고 콘서트 투어를 할 수 있는 기회를 제안받았습니다. 자신의 음악을 세상과 나누고 싶다는 경아의 꿈이 마침내 현실이 된 것입니다.

경아의 이야기는 인생에서 원하는 것을 위해 싸우는 것, 특히 자기 계발을 위해서는 흔들리지 않는 결단력과 회복력이 필요하다는 사실을 일깨워 줍니다. 또한 장애물과 좌절에도 불구하고 열정을 추구하는 것이 중요하다는 교훈을 줍니다. 꿈을 위해 싸우는 여정을 통해 우리는 진정한 잠재력을 발견하고 내면의 힘을 키우며 궁극적으로 열망을 추구함으로써 성취감을 찾게 됩니다.

우리가 진정으로 원하는 것을 위해 싸울 때 목표를 달성할 뿐만 아니라 개인적인 성장과 변화를 통해 삶을 더욱 풍요롭게 한다는 사실을 강력하게 일깨워줍니다.

★☆★ 요점정리

자기계발에서 결단력과 행동의 중요성을 강조하는 말입니다. 여기에는 목적을 명확히 하고, 목표를 설정하고, 도전을 통해 인내하는 것이 포함됩니다. 일관된 행동을 취하고, 제한적인 신념을 극복하고, 지속적인 학습을 수용하는 것이 중요합니다. 그 과정에서 진전을 축하하는 것은 동기를 강화하고 개인의 성장과 성취에 기여합니다.

생각을 바꾸면
상황이 바뀐다

새로운 관점을 수용하고, 성장에 개방적이며, 우리의 생각과 신념을 변화시키는 데서 오는 변화의 힘을 강조한다.

생각을 바꾼다는 것은 새로운 아이디어, 통찰력, 관점을 받아들이는 것을 의미한다. 이는 인식의 폭을 넓히고 선입견에 도전하겠다는 의지를 의미한다. 다양한 관점에 마음을 열면 세상과 자신에 대해 더 폭넓게 이해할 수 있다. 이렇게 확장된 인식은 개인의 성장을 가능하게 하고 보다 포용적이고 공감하는 사고방식을 길러준다.

생각을 바꾸려면 기꺼이 배우고 발전하려는 의지가 필요하다. 이는 자신이 모든 답을 가지고 있지 않을 수 있으며 항상 개선의 여지가 있다는 것을 인정하는 것을 의미한다. 성장을 포용한다는 것은 적극적으로 지식을 찾고, 피드백을 구하고, 새로운 정보에 개방적이라는 것을 의미한다. 이러한 지속적인 학습에 대한 마음가짐은 개인 개발을 촉진하고 더 깊은 자기 이해를 가능하게 한다.

종종 정체된 상태를 유지하게 하는 저항과 안전지대에서 벗어나야 한다. 이를 위해서는 개인의 성장을 방해하는 두려움, 편견, 제한적인 신념에 맞서야 한다. 변화를 수용하고 불편함을 받아들임으로써 새로운 가능성, 경험, 자기발견과 발전의 기회에로 삼을 수 있다.

생각을 바꾸는 것은 나약함의 표시가 아니라 오히려 강점이다. 이는 필요할 때 재평가하고 적응하려는 의지를 보여준다. 새로운 정보, 통찰력, 관점에 열린 자세를 유지하면 의사 결정 능력이 향상된다. 이를 통해 자신의 가치와 열망에 부합하는 정보에 입각한 선택을 할 수 있다.

생각을 바꾸면 어려움에 직면했을 때 회복력과 적응력을 키울 수 있다. 이를 통해 변화하는 환경에 적응하고 장애물을 극복하며 대안을 찾을 수 있다. 유연한 사고를 통해 불확실성과 좌절을 성장 마인드로 헤쳐 나갈 수 있는 역량을 키우면 궁극적으로 개인적, 직업적 회복탄력성을 키울 수 있다.

인간관계에도 긍정적인 영향을 미칠 수 있다. 효과적인 의사소통, 공감, 이해를 촉진한다. 다양한 관점에 개방적인 태도를 취함으로써 다른 사람들과 더 강력한 관계를 구축하고 성장과 협업을 장려하는 환경을 조성할 수 있다.

제 인생에서 '생각을 바꾸면 상황이 바뀐다'는 말은 자기 계발의 기본 원칙이다. 이 원칙은 저에게 성장을 포용하고, 새로운 아이디어를 받아들이며, 자신의 신념과 가정에 끊임없이 도전하는 것의 가치를 가르쳐 준다. 생각을 바꾸면서 시야가 넓어지고, 자신과 타인에 대한 이해가 깊어졌으며, 삶의 다양한 측면에서 개인적인 성장을 촉진할 수 있다.

생각을 바꾸는 것이 나약함의 징표가 아니라 성장의 길이라는 것을 인정함으로써 더 적응력 있고 탄력적이며 열린 마음을 갖게 되었다. 이러한 마음가짐 덕분에 인생의 난관을 더 쉽게 헤쳐나가고 제 가치와 열망에 부합하는 결정을 내릴 수 있었다.

생각을 바꾼다는 것은 모든 의견을 뒤집는 것이 아니라 개인의 성장, 인식의 확장, 끊임없이 변화하는 세상에 적응할 수 있는 능력을 키울 수 있는 신중하고 사려 깊은 과정이라는 것을 기억하자. 생각을 바꾸는 힘을 받아들이면 자기계발에 도움이 되고 인생의 여정을 더욱 풍요롭게 만들 수 있다.

"생각을 바꾸면 상황이 바뀐다"

생각을 바꾸면 모든 것이 바뀔 수 있다는 흥미로운 개념을 재미있고 쉬운 방식으로 이해하는 것부터 시작해 보겠다.

마법의 렌즈 : 마음으로 세상을 바라보는 마법의 안경이 있다고 상상해 보자. 사고방식을 바꾸는 것은 마치 새로운 렌즈로 바꾸어 현실을 인식하고 경험하는 방식을 바꾸는 것과 같다. 관점이 바뀌면 세상이 변화하고 새로운 기회와 미개척 잠재력이 열린다.

나비 효과 : 나비의 작은 날개 짓이 연쇄 반응을 일으킬 수 있는 것처럼, 생각을 바꾸면 삶에 큰 파급 효과를 가져올 수 있다. 생각과 신념을 바꾸면 일련의 행동, 선택, 결과가 시작되어 놀라운 변화와 예상치 못한 가능성으로 이어질 수 있다.

이제 생각을 바꾸면 가능성의 영역이 어떻게 확장되는지 살펴보자.

꿈이 현실이 된다 : 여러분의 마음이 꿈을 현실로 바꿀 수 있는 마술 지팡이라고 상상해 보자. 생각을 바꾸면 새로운 가능성을 상상하고, 한계에 도전하며, 열망을 실현할 수 있는 힘을 얻을 수 있다. 지팡이를 휘두르면 잠재력이 가득한 미래가 펼쳐지는 것과 같다.

보물찾기 : 생각을 바꾸면 자아를 발견하는 흥미진진한 모험의 문이 열린다. 선입견에 도전하고 새로운 관점을 수용하면 이전에는 간과했을지도 모르는 숨겨진 재능, 열정, 기회를 발견할 수 있다. 마치 내 안에서 짜릿한 보물찾기를 시작하는 것과 같다.

생각을 바꾸는 것이 어떻게 개인의 성장과 변화로 이어질 수 있는지 살펴보자.

성장 : 인생은 끝없는 댄스 플로어와 같으며, 마음을 바꾸면 새로운 동작을 배우고 우아하게 진화할 수 있다. 성장 마인드를 수용하면 지속적인 학습, 적응, 자기계발에 대한 가능성을 열어두게 된다. 여러분은 스스로를 변화시키는 안무가가 되어야 한다.

인생의 걸작 : 마음을 바꾸면 인생의 걸작을 만드는 예술가가 된다. 여러분에게는 생생한 색을 칠하고, 내러티브를 다시 쓰고, 자신의 운명을 개척할 수 있는 힘이 있다. 여러분의 생각과 신념의 모든 획은 아름답고 만족스러운 존재를 창조하는 데 기여한다.

결론적으로, 생각을 바꾸면 인생의 모든 것을 바꿀 수 있는 놀라운 힘이 있다. 사고방식을 바꾸면 새로운 가능성의 문을 열고 잠재력을 발휘하며 자아를 발견하고 성장하는 변화의 여정을 시작할 수 있다.

생각을 바꾸는 것의 힘과 그 변화의 영향력을 보여주는 이야기입니다.

릴리라는 젊은 여성은 의학 분야에서 경력을 쌓는 데 열정을 가지고 있었습니다. 어릴 때부터 의사가 되어 사람들의 삶을 변화시키는 것이 꿈이었습니다. 릴리는 의대 진학을 위한 공부와 준비에 시간과 에너지를 쏟으며 지칠 줄 모르고 일했습니다.

몇 년이 지나자 릴리의 꿈은 가까워지는 듯했습니다. 우수한 성적을 받았고, 의료 인턴십에 참여했으며, 해당 분야의 존경받는 전문가들로부터 추천서를 받았습니다. 모든 것이 제자리로 돌아가는 것 같았습니다.

하지만 학부 과정이 끝날 무렵, 릴리는 마음 깊은 곳에서 불안감을 느끼기 시작했습니다. 자신의 업적에도 불구하고 뭔가 부족하다는 느낌을 떨쳐버릴 수 없었습니다. 의학이 진정 자신의 소명인지 의문이 들기 시작했습니다.

릴리는 오랫동안 품어온 꿈과 자신의 열정이 다른 곳에 있다는 깨달음 사이에서 갈림길에 서게 되었습니다. 릴리에게는 힘들고 불안한 시기였습니다. 의사가 되고 싶다는 그녀의 열망을 항상 지지해 준 가족과 친구들을 실망시킬까 봐 두려웠습니다.

내면의 성찰의 순간에 릴리는 내면의 목소리에 귀를 기울이고 자신에게 진실해야 한다는 것을 깨달았습니다. 더 이상 자신에게 맞지 않는 길에 집착하는 것은 불만족과 후회로 이어질 뿐이라는 것을 깨달았습니다.

용기를 내어 대안을 모색한 릴리는 마음을 바꾸기로 결심했습니다. 그녀는 다른 열정과 관심사를 탐구하면서 자기 발견의 여정을 시작했습니다. 다양한 분야의 전문가들과 대화를 나누고, 워크숍에 참석하고, 여러 단체에서 자원봉사를 했습니다.

새로운 길을 탐색하는 과정에서 릴리는 환경 문제에 대한 깊은 매력을 발견했습니다. 그리고 자신의 진정한 열정은 시급한 환경 문제를 해결하기 위한 혁신적인 솔루션을 찾는 데 있다는 것을 깨달았습니다. 릴리는 이 새로운 방향에 대해 새로운 목적의식과 흥분을 느꼈습니다.

마음을 바꾸는 것은 쉽지 않았지만 릴리는 그 변화의 힘을 받아들였습니다. 그녀는 환경 과학 분야에서 경력을 쌓고 지구에 긍정적인 영향을 미치는 데 일생을 바치기로 대담한 결정을 내렸습니다.

새로운 결심과 함께 릴리는 환경 과학을 공부하고 연구 프로젝트에 참여하며 지속 가능한 관행을 옹호하기 시작했습니다. 그리고 이전에는 경험하지 못했던 성취감과 기쁨을 발견했습니다.

세월이 흐르면서 환경 과학 분야에서 릴리의 업적은 인정을 받기 시작했습니다. 그녀는 존경받는 전문가가 되어 중요한 연구에 기여하고 지속 가능성과 보존을 촉진하는 이니셔티브를 주도했습니다.

릴리의 이야기는 생각을 바꾸면 놀라운 개인적 성장과 성취를 이룰 수 있다는 것을 보여줍니다. 내면의 목소리에 귀 기울이고 자신의 진정한 열정을 따를 용기를 가짐으로써 그녀는 자신의 가치에 부합하는 길을 찾았고 엄청난 행복을 얻었습니다. 릴리의 여정은 진로를 바꾸고, 새로운 가능성을 탐색하고, 마음을 바꾸는 변화의 힘을 받아들이기에 결코 늦지 않았다는 사실을 일깨워줍니다.

릴리의 이야기는 우리 모두에게 영감을 주며, 자기 성찰에 열려 있고, 본능을 신뢰하며, 보다 진정성 있고 만족스러운 삶의 길로 인도할 때 마음을 바꿀 용기를 갖도록 독려합니다.

★☆★ 요점정리

새로운 관점을 수용하고 성장에 개방적인 자세를 갖는 것의 변화의 힘을 의미합니다. 여기에는 인식의 확장, 학습과 성장의 수용, 변화에 대한 저항 극복, 의사결정 능력 향상, 회복력과 적응력 키우기, 관계 강화 등이 포함됩니다. 자기계발의 영역에서 마음을 바꾸는 것은 나약함의 징후가 아니라 개인적 성장, 이해의 심화, 성장 마인드로 도전을 헤쳐 나갈 수 있는 능력으로 이어지는 강점입니다. 열린 마음과 적응력, 그리고 보다 성취감 있고 의미 있는 인생 여정을 위해 자신의 신념에 도전하고 발전시키려는 의지가 필요합니다.

과거가 현재를 지배하도록 놔두지 말라

과거의 경험으로 인한 부담과 한계에서 벗어나 현재의 삶을 온전히 수용하고 형성하는 것이 중요하다는 점을 강조한다.

과거가 현재를 지배하도록 허용하면 오래된 패턴에 갇혀 성장과 자기 계발의 잠재력을 제한하게 된다. 과거의 경험에 대한 집착에서 의식적으로 벗어나면 개인의 성장과 발전을 위한 공간을 만들수 있다. 여기에는 우리를 방해하는 후회, 분노, 부정적인 신념을 버리고 보다 긍정적이고 힘 있는 사고방식을 기르는 것이 포함된다.

과거가 현재를 지배하도록 허용하면 이미 일어난 일에 정신적으로 고정되어 현재의 순간을 온전히 경험하고 감사하는 데 방해가 된다. 과거에 대한 집착을 버리면 일상 생활에서 더 마음챙김 (Mindfulness) 과 현재에 집중할 수 있다. 이를 통해 우리는 더 명확하고 집중하며 의도에 몰입할 수 있고, 지금 이 순간에 대한 더 깊은 성취감과 연결감을 키울 수 있다.

과거는 우리의 정체성을 형성하고 우리 자신을 인식하는 방식에 영향을 미칠 수 있다. 하지만 과거가 현재를 지배하지 않도록 함으로써 우리는 자신의 내러티브를 형성할 수 있는 힘을 되찾을 수 있다. 우리는 과거의 사건을 해석하고 대응하는 방식을 의식적으로 선택하여 우리에게 힘을 실어주고 영감을 주는 방식으로 재구성할 수 있다. 이러한 자기 재정의 과정을 통해 우리는 진정한 자아로 나아갈 수 있으며, 우리 삶에 더욱 긍정적이고 힘을 실어주는 이야기를 만들 수 있다.

과거의 상처와 불만을 붙잡고 있는 것은 고통을 지속시키고 개인의 성장을 방해할 뿐이다. 원한을 버리고 용서를 실천함으로써 우리는 감정적 짐에서 벗어나 내면의 평화와 연민을 키울 수 있다. 이러한 자기 연민은 우리 자신에게도 확장되어 우리가 인간이며 우리 자신의 실수와 결점에 대해 용서받을 자격이 있음을 인정한다. 용서와 연민을 키움으로써 우리는 치유와 개인적 변화를 위한 공간을 만든다.

과거가 현재를 지배하면 과거의 실패나 실망이 반복될까 봐 새로운 기회를 포착하거나 위험을 감수하는 것을 주저할 수 있다. 우리의 발목을 잡는 과거의 경험을 버리면 새로운 가능성을 받아들이고 꿈을 추구하는 데 더 개방적이 될 수 있다. 이를 통해 우리는 안전지대를 벗어나 계산된 위험을 감수하고 자신감과 회복탄력성을 가지고 미지의 세계를 받아들일 수 있다.

과거 경험의 영향을 의식적으로 인정하고 놓아줌으로써 더 큰 자유와 회복탄력성, 개인적 성장의 감각을 키울 수 있었다. 과거에 얽매이지 않고 새로운 에너지와 호기심, 그리고 현재의 순간에서 배우고자 하는 의지로 하루하루를 맞이할 수 있게 되었다.

과거가 현재를 규정하거나 미래를 좌우할 필요는 없다는 사실을 기억하자. 과거에 얽매이지 않음으로써 우리는 개인적 성장, 현재에 대한 인식, 자기 권한 부여, 보다 긍정적이고 만족스러운 인생 여정을 설계할 수 있는 기회를 만들 수 있다.

"과거가 현재를 지배하도록 놔두지 말라"

과거가 현재를 지배하지 않는 것의 중요성을 재미있고 쉬운 방식으로 이해하는 것부터 시작해 보자.

시간 여행자의 딜레마 : 내 마음이 인생의 다른 시대로 이동할 수 있는 타임머신이라고 상상해 보자. 과거를 탐험하는 것은 매력적이지만, 과거에 너무 집착하면 현재의 순간을 온전히 경험하고 무한한 기회를 포착하지 못할 수 있다.

퀀텀 시프트 : 퀀텀 점프가 순식간에 다른 시공간으로 이동할 수 있는 것처럼, 현재의 순간을 받아들이면 과거의 제약에서 벗어날 수 있다. 이를 통해 자신의 이야기를 다시 쓰고, 새로운 가능성을

창출하고, 지금 여기에서 자신의 운명을 만들어갈 수 있다.

이제 현재의 마법 같은 세계와 그 변화의 힘에 대해 자세히 알아
보자.

마음챙김 탐험가 : 마음챙김 (Mindfulness) 나침반을 장착한 용감
한 탐험가라고 상상해 보자. 마음챙김 (Mindfulness) 을 연습하면
판단 없이 생각과 감정을 관찰하면서 지금 여기에 온전히 존재하
게 된다. 이를 통해 과거의 사슬에서 벗어나 현재의 풍요로움에
몰입할 수 있다.

삶의 본질 : 현재의 순간은 아름답게 포장된 선물과 같아서 포장
을 풀고 맛보기를 기다린다. 과거를 놓아버리면 현재가 제공하는
무한한 가능성, 기쁨, 평온함에 자신을 개방할 수 있다. 진심을
다해 받아들이면 삶의 진정한 본질을 발견하게 될 것이다.

과거가 현재를 지배하지 않도록 하는 데서 오는 지혜를 살펴보
자.

역사가 주는 교훈 : 과거에는 소중한 교훈과 경험이 담겨 있지만,
과거에 지나치게 집착하면 성장에 방해가 될 수 있다. 과거에서
얻은 지혜를 인정하되, 이를 디딤돌 삼아 더 밝고 만족스러운 현
재와 미래를 만들어 보자.

현재의 힘 : 지금 이 순간이 바로 진정한 힘이 발휘되는 순간이다. 현재에 집중하고 영감을 주는 행동을 취함으로써 현실을 만들고 꿈을 실현할 수 있다. 현재의 힘을 받아들이고 삶이 기쁨과 성취의 걸작으로 변화하는 것을 지켜보자.

결론적으로, 과거가 현재를 지배하지 말고 현재 순간의 마법 같은 힘을 받아들이자. 마음챙김 (Mindfulness) 을 실천하고 과거를 내려놓으며 지금 이 순간의 풍요로움에 몰입함으로써 우리는 기쁨과 성장, 그리고 놀라운 미래를 창조할 수 있는 잠재력을 열어갈 수 있다.

과거가 현재를 지배하지 않도록 하는 것이 얼마나 중요한지 잘 보여주는 이야기가 있습니다.

직장 생활에서 일련의 좌절과 실패를 경험한 경수라는 남성이 있었습니다. 그는 과거에 몇 가지 잘못된 결정을 내렸고, 이로 인해 경력에 실망과 좌절을 겪었습니다. 이러한 경험으로 인해 현재는 막막함을 느끼고 낙담했으며 자신의 능력에 대한 자신감이 부족했습니다.

경수는 오랫동안 과거의 실수와 실패가 자신의 현재를 규정하도록 내버려두었습니다. 경수는 마음속으로 부정적인 경험을 끊임없이 되풀이하며 무엇이 잘못되었는지에 대해 고민하고 자신의 단점을 자책했습니다. 과거의 무게는 그가 새로운 기회를 추구하고 자신의 진정한 잠재력을 받아들이는 데 방해가 되었습니다.

그러던 어느 날 경수는 '과거가 현재를 지배하도록 놔두지 말라'는 문구를 발견했습니다. 이 문구는 과거가 현재를 지배하도록 허용하고 있었다는 깨달음과 함께 그의 내면에 큰 울림을 주었습니다. 이 새로운 관점에 영감을 받은 현재는 자기 발견과 개인적 성장의 여정을 시작하기로 결심했습니다.

경수는 과거의 실수와 실패를 인정하는 것부터 시작했지만, 그것에 집착하는 대신 지금의 자신을 만들어준 소중한 교훈으로 생각하기로 했습니다. 경수는 과거에 집착하는 것은 자신의 잠재력을 제한하고 앞으로 나아가는 데 방해가 될 뿐이라는 것을 깨달았습니다.

새로운 목표 의식을 갖게 된 경수는 현재의 순간과 그 속에 담긴 가능성에 집중했습니다. 새로운 커리어 경로를 탐색하고, 도전적인 프로젝트에 참여하고, 자신의 안전지대를 벗어나기 시작했습니다. 과거가 자신의 능력을 정의하도록 내버려두지 않고, 자신에게는 배우고 성장하며 성공할 수 있는 힘이 있다고 믿으며 성장 마인드를 받아들였습니다.

경수는 또한 자기 연민과 용서의 중요성을 배웠습니다. 그는 과거의 실수를 용서하고 자신도 실수를 할 수 있는 인간임을 인정했습니다. 이러한 자기 용서를 통해 그는 스스로에게 부과된 한계를 내려놓고 자신에 대해 더 긍정적이고 자비로운 관점을 받아들일 수 있었습니다.

경수는 여정을 계속하면서 과거가 현재를 지배하지 않도록 함으로써 기회와 개인적 성장의 세계를 열게 되었다는 것을 깨달았습니다. 그는 자신의 열정과 재능에 맞는 새로운 직장을 구했고 자신감이 치솟았습니다. 경수는 자신의 분야에서 의미 있는 공헌을 하기 시작했고 이전에는 경험하지 못했던 성취감을 찾았습니다.

경수는 자신의 이야기를 통해 과거가 현재를 지배하지 못하게 하는 변화의 힘을 보여주었습니다. 과거의 실수를 잊고, 자기 연민을 받아들이고, 현재 순간의 가능성에 집중함으로써 그는 스스로 더 밝은 미래를 만들 수 있었습니다.

경수의 여정은 우리에게 과거의 무게를 내려놓기로 선택함으로써 우리의 삶을 바꿀 수 있는 힘이 있다는 것을 일깨워줍니다. 개인적인 성장, 자기용서, 현재에 집중하는 사고방식을 수용함으로써 우리는 새로운 기회에 자신을 개방하고 진정한 잠재력을 활용하며 만족스럽고 의미 있는 삶을 만들 수 있습니다.

★☆★ 요점정리

개인의 성장을 포용하고, 현재의 순간에 살고, 자신만의 이야기를 만들고, 용서와 연민을 키우고, 새로운 기회를 포착하기 위해 과거 경험의 한계에서 벗어나도록 촉구합니다. 과거에 대한 집착을 버림으로써 우리는 개인적인 변화, 마음챙김(Mindfulness) 생활, 자기 권한 부여, 보다 긍정적이고 만족스러운 삶을 설계할 수 있는 능력을 위한 공간을 만들 수 있습니다. 과거의 짐을 내려놓음으로써 우리는 더 큰 회복력과 개방성, 그리고 자신의 미래를 창조할 수 있는 자유를 누리며 살아갈 수 있습니다.

하나의 문이 닫히면
또 다른 문이 열린다

이 개념은 실망, 좌절 또는 결말에도 항상 새로운 기회와 가능성이 우리를 기다리고 있다는 생각을 나타낸다.

하나의 문이 닫힌다는 것은 우리 인생의 특정 장이 끝났다는 것을 의미한다. 잃어버린 것 또는 잘 풀리지 않은 것에 집착하는 대신 변화를 수용하고 회복탄력성을 키우는 것을 선택할 수 있다. 결말은 자연스럽고 피할 수 없는 것임을 인식함으로써 우리는 적응하고, 회복하고, 새로운 길을 찾을 수 있는 힘을 기를 수 있다.

하나의 문이 닫히면 다른 문이 열린다. 이 원칙은 여정을 신뢰하고 인생에는 때가 되면 새로운 기회를 제시하는 방법이 있다는 믿음을 갖도록 상기시켜 준다. 즉각적인 해결책을 찾으려는 욕구를 버리고 때가 되면 새로운 문이 열릴 것이라는 인내심을 키우도록 독려한다.

문이 닫히면 새로운 방향과 가능성을 탐색할 수 있는 공간이 생긴다. 이는 우리가 안전지대를 벗어나 다른 길을 모색하고 우리 안에 숨겨진 잠재력을 발견하도록 장려한다. 성장과 탐험을 수용함으로써 우리는 시야를 넓히고 새로운 기술을 습득하며 이전에는 미처 깨닫지 못했던 열정과 재능을 발견할 수 있다.

문이 닫히면 당장은 희망의 빛을 보기 어려울 수 있다. 하지만 자기 계발 과정에서 우리는 긍정적인 사고방식을 기르고 모든 상황에서 숨겨진 축복을 찾는 법을 배운다. 때로는 닫힌 문이 예상치 못한 기회를 열어주거나 다른 방법으로는 발견하지 못했을 더 만족스러운 길로 우리를 안내하기도 한다.

닫힌 문을 마주할 때 우리는 자신을 재발견하고 진화할 수 있는 기회를 얻게 된다. 이는 우리의 목표, 가치, 열망을 되돌아보게 하고, 우리가 걸어온 길이 진정으로 우리의 진정한 자아와 일치하는지 재평가하게 된다. 이를 통해 필요한 조정을 하고, 과거의 경험으로부터 배우고, 진화하는 자아에 더 부합하는 새로운 방향을 선택할 수 있다.

제 인생에서 '하나의 문이 닫히면 또 다른 문이 열린다'는 개념은 전환기나 좌절의 시기에 지침이 되어 왔다. 이 원칙은 변화에 맞서 열린 마음과 적응력, 회복탄력성을 유지해야 한다는 것을 일깨워주었다. 이러한 사고방식을 받아들임으로써 도전을 헤쳐나가고 새로운 기회를 탐색하며 새로운 목적과 성취감을 찾을 수 있었다.

실망스러운 상황이나 닫힌 문에 직면하더라도 항상 새로운 길이 기다리고 있다는 사실을 기억하자. 변화를 수용하고 회복탄력성을 키우며 여정을 신뢰하면 닫힌 문 너머에 놓인 풍부한 가능성에 우리 자신을 열어줄 수 있다.

"하나의 문이 닫히면 또 다른 문이 열린다"

다른 문이 열린다의 의미를 재미있고 알기 쉽게 이해하는 것부터 시작해 보자.

운명의 문 : 인생을 기회와 경험을 상징하는 수많은 문이 있는 거대한 복도라고 상상해 보자. 때로는 계속 열려 있기를 바랐던 문이 예기치 않게 닫히기도 한다. 하지만 닫히는 순간 또 다른 문이 열리고 새롭고 흥미로운 길로 이어지는 경우가 많다.

인식의 열쇠 : 열쇠가 문을 여는 것처럼 우리의 인식과 태도는 새로운 기회를 인식하는 데 중요한 역할을 한다. 긍정적인 사고방식을 채택함으로써 우리는 지각을 날카롭게 하고 실망이나 변화 속에서도 가능성의 문을 발견할 수 있다.

이제 하나의 문이 닫힐 때 발생하는 새로운 기회의 영역으로 더 나아가 보자.

탐험가의 정신 : 끝없는 호기심으로 무장한 용감한 탐험가라고

상상해 보자. 하나의 문이 닫히면 미지의 영역으로 모험을 떠나 숨겨진 보물을 발견하고 우리가 간과했을지도 모를 새로운 경험을 받아들이라는 초대장과도 같다.

세렌디피티 요소 : 세렌디피티는 종종 문이 닫힐 때 노크한다. 때로는 예상치 못한 순간에 새로운 우정을 쌓거나, 숨겨진 재능을 발견하거나, 꿈도 꾸지 못했던 곳으로 인도하는 길을 발견하기도 한다. 인생이 선사하는 즐거운 놀라움을 만끽해 보자.

회복탄력성과 적응력에 대해 알아보자.

변화의 안무 : 인생은 역동적인 댄스 플로어와 같으며, 변화는 우리의 발걸음을 인도하는 리듬이다. 닫히는 문에 우아하게 적응하고 새로운 문을 열 용기를 찾음으로써 우리는 끊임없이 변화하는 삶의 리듬과 함께 흐르는 탄력적인 댄서가 되어 보자.

가능성의 교향곡 : 닫힌 문 하나하나에는 무수한 가능성의 교향곡이 담겨 있다. 더 이상 우리에게 도움이 되지 않는 것을 버리고 새로운 시작을 위해 자신을 개방할 때, 우리는 조화로운 인생의 오케스트라에 합류하여 가능성의 바다에서 자신만의 멜로디를 연주하게 된다.

결론적으로, 변화를 수용하고, 회복탄력성을 유지하며, 새로운 기회를 두 팔 벌려 환영하라는 초대장이다. 인식을 전환하고 긍정적인 사고방식을 채택함으로써 우리는 운명의 문을 열고 그 너머에 있는 마법을 발견할 수 있다.

하나의 문이 닫히면 다른 문이 열린다는 개념을 잘 설명하는 이야기가 있습니다.

어렸을 때부터 전문 무용수가 되는 것이 꿈이었던 에밀리라는 젊은 여성이 있었습니다. 그녀는 수년간 혹독한 훈련에 전념하며 자신을 한계까지 밀어붙이고 무대 위에서의 미래를 상상했습니다. 그녀는 춤에 대한 열정에 자신의 마음과 영혼을 쏟아 부었습니다.

에밀리는 유명 무용단의 오디션에 응시하여 큰 성공을 거둘 수 있기를 바랐습니다. 하지만 그녀의 재능과 노력에도 불구하고 그녀는 불합격 통보를 받았습니다. 큰 충격을 받은 에밀리는 자신의 꿈이 눈앞에서 산산조각 난 것처럼 느꼈습니다. 에밀리는 왜 자신에게 문이 닫혔는지 이해할 수 없었습니다.

하지만 에밀리는 이러한 좌절에 굴하지 않았습니다. 그녀는 '하나의 문이 닫히면 또 다른 문이 열린다'는 말을 떠올렸습니다. 새로운 기회를 찾기로 결심한 그녀는 관점을 바꾸고 에너지의 방향을 전환했습니다.

실망하던 중 에밀리는 소외계층 어린이들에게 댄스 수업을 제공하는 지역 봉사 센터를 발견했습니다. 흥미를 느낀 에밀리는 자원봉사를 통해 무용을 배울 기회가 없는 사람들에게 무용에 대한 사랑을 나누기로 결심했습니다. 그녀는 아이들에게 기본적인 댄스 테크닉을 가르치고 창의력을 키우며 아이들의 얼굴에서 피어나는 기쁨을 목격했습니다.

이 경험을 통해 에밀리는 새로운 목적의식과 성취감을 찾았습니다. 그녀는 무용에 대한 자신의 열정이 무대에서 공연하는 것을 넘어 자신의 예술을 통해 다른 사람들의 삶에 긍정적인 영향을 끼치는 것임을 깨달았습니다. 그녀는 새로운 소명을 받아들이면서 자신 앞에 기회의 문이 열리는 것을 보았습니다.

얼마 지나지 않아 에밀리는 봉사 센터와 함께 일하면서 댄스 테라피를 전문으로 하는 지역 댄스 스쿨의 관심을 끌었습니다. 치유 도구로서의 춤의 힘에 흥미를 느낀 그녀는 이 학교의 강사로 합류했습니다. 에밀리는 무용 치료를 통해 사람들의 삶에 깊은 감동을 주고, 움직임을 통해 정서적, 신체적 어려움을 극복할 수 있도록 돕는 방법을 발견했습니다.

에밀리는 이 여정을 통해 하나의 문이 닫힌다고 해서 꿈이 끝나는 것이 아니라는 것을 깨달았습니다. 관점을 바꾸고 새로운 가능성에 열린 자세를 유지함으로써 그녀는 더 깊은 목적의식과 성취감으로 이끄는 다른 길을 찾았습니다. 그녀가 직면한 거절은 자신의 진정한 소명에 더 가깝게 부합하는 길을 향한 방향 전환으로 밝혀졌습니다.

에밀리의 이야기를 통해 우리는 좌절과 닫힌 문이 성장과 발견의 기회가 될 수 있다는 것을 배웁니다. 변화를 수용하고 관점을 조정하며 새로운 길을 열어두면 숨겨진 기회를 발견하고 예상치 못한 곳에서 성취감을 찾을 수 있습니다. '하나의 문이 닫히면 또 다른 문이 열린다'는 말은 과정을 신뢰하고, 계속 전진하며, 여정에서 우리를 기다리고 있는 아름다운 놀라움에 열려 있어야 한다는 것을 상기시켜 줍니다.

★☆★ 요점정리

좌절이나 결말에 직면했을 때 변화를 수용하고 회복력을 키우며 새로운 기회를 모색하는 것이 중요하다는 것을 강조합니다. 이는 우리가 과정을 신뢰하고, 새로운 길을 탐색하고, 숨겨진 축복을 찾고, 자신을 재창조하도록 독려합니다. 긍정적인 사고방식을 채택하고 가능성을 열어두면 변화를 탐색하고 새로운 방향을 발견하며 개인적인 성장과 성취를 경험할 수 있습니다.

겉과 속이 다른 사람과는
상대하지 마라

겉모습이나 표면적인 차이점만 보고 다른 사람을 판단하거나 무시하지 말라는 뜻이다.

공감, 이해, 수용의 마음가짐을 키우도록 장려한다. 진정한 인간관계와 개인적 성장은 외적인 특성을 넘어 다른 사람의 다양한 생각, 경험, 관점을 포용하는 데서 비롯된다는 점을 인식하여야 한다.

인간은 겉모습에 따라 빠르게 판단하는 경향이 있으며, 이는 편견과 고정관념으로 이어질 수 있다. 의식적으로 외적인 차이만으로 사람들을 대하지 않기로 선택하면 이러한 편견에 도전하고 더 다양한 사람들로부터 배울 수 있는 기회를 가질 수 있다.

나와 다른 사람들과 교류하는 것은 개인적 성장을 위한 소중한 기회를 제공할 수 있다. 다양한 배경, 신념, 경험을 가진 사람들과 교류하면 세상에 대한 이해의 폭이 넓어지고, 가정에 도전하며, 지적 및 정서적 성장을 촉진할 수 있다.

다른 사람의 내면의 자질과 가치에 집중함으로써 공감을 키울 수 있다. 사람들의 겉모습이 그들의 성격이나 가치를 정의하지 않는다는 것을 인식하면 더 깊은 수준에서 그들과 소통할 수 있다. 공감을 통해 다양한 관점을 이해하는 능력이 향상되고 조화로운 관계를 형성할 수 있다.

모든 개인은 고유하며 그 차이는 존중되어야 한다. 모든 형태의 다양성을 포용하면 개인 개발을 위한 더욱 풍부하고 포용적인 환경을 조성할 수 있다. 나와 다른 사람들과 교류하면 다양한 아이디어, 신념, 문화적 경험을 활용할 수 있어 개인의 성장 여정을 향상시킬 수 있다.

다른 사람의 외모를 보고 판단하지 않을 때, 내면의 진정성을 확인할 수 있다. 다른 사람을 있는 그대로 받아들임으로써 사람들이 자신의 진정한 모습을 편안하게 표현할 수 있는 공간을 만들 수 있다. 이러한 수용은 자신의 진정성을 받아들이고 자신의 가치와 열망에 부합하는 삶을 살도록 영감을 줄 수 있다.

겉모습과 내면이 다른 사람을 대하지 않는 것은 수용, 공감, 개인적 성장의 마음가짐을 키우는 것이다. 표면적인 차이를 넘어 다양한 관점, 경험, 자기 계발의 기회로 가득한 세상을 바라볼 수 있다.

"겉과 속이 다른 사람과는 상대하지 마라"

미스터리 선물 : 각 사람을 독특한 겉모습으로 장식된 아름답게 포장된 선물이라고 상상해 보자. 하지만 진정으로 중요한 것은 그 안에 담긴 생각, 감정, 경험, 가치관의 생생한 조합이다. 겉모습만 보고 판단하지 않음으로써 우리는 다양성의 풍요로움을 포용하고 각 개인 안에 숨겨진 보물을 발견할 수 있는 기회를 얻게 된다.

마법의 거울 : 마법의 거울이 내면의 아름다움을 드러내듯, 외적인 차이를 넘어 그 사람의 꿈, 두려움, 욕망 등 본질을 볼 수 있다. 상호작용을 표면적인 판단으로 제한하지 않음으로써 의미 있는 연결과 진정한 이해를 위한 공간을 만들 수 있다.

이제 겉모습이 나와 다른 사람들을 포용할 때 얻을 수 있는 놀라운 이점에 대해 알아보자.

창의성과 혁신 : 각각의 독특한 조각들이 숨막히는 삶의 태피스트리에 기여하는 거대한 만화경을 상상해 보자. 서로 다른 관점, 배경, 경험을 가진 사람들과 교류할 때 우리는 창의성과 혁신의 세계를 열어갈 수 있다. 다양한 아이디어를 혼합하고 협업함으로써 우리는 개인의 사고의 한계를 뛰어넘는 마법을 만들어낸다.

배움의 모험 : 삶은 짜릿한 모험이며, 겉모습과 내면이 다른 사람

들과 교류하는 것은 스릴 넘치는 여행을 떠나는 것과 같다. 이러한 만남을 통해 우리는 지식을 확장하고, 가정에 도전하며, 시야를 넓히는 새로운 통찰력을 얻는다. 다채로운 인류의 모자이크에서 배움의 즐거움을 느껴보자.

겉모습이 나와 다른 사람을 대할 때 생기는 조화와 수용에 대해 알아보자.

차이와 조화 : 서로 다른 음표가 조화를 이루어 아름다운 선율을 만들어내듯, 다양한 개인이 모여 조화로운 관계와 커뮤니티를 형성할 수 있다. 서로의 차이를 포용하고 각자의 고유한 특성을 존중함으로써 우리는 서로를 연결하고 화합과 이해를 증진하는 다리를 놓는다.

공감의 힘 : 편견의 벽을 허물고 다른 사람의 관점을 진정으로 이해할 때 우리는 다른 사람의 입장에서 생각하는 능력인 공감을 키울 수 있다. 이러한 공감은 연민과 친절, 그리고 표면적인 차이를 뛰어넘어 인간 경험의 풍요로움에 대한 깊은 감사를 키워준다.

결론적으로, 다양성을 포용하고, 독특함을 축하하며, 삶의 모든 측면에서 포용성을 증진하라는 초대장이다. 겉모습을 넘어 더 깊은 차원에서 소통함으로써 우리는 이해와 수용, 화합이 번성하는 세상을 만들 수 있다.

◇◇◇

겉모습만 보고 다른 사람을 판단하지 않는 것이 얼마나 중요한지 잘 보여주는 이야기가 있습니다.

시골의 작은 마을에 다양한 배경을 가진 학생들이 다니는 고등학교가 있었습니다. 이 학교에는 릴리라는 조용하고 내성적인 소녀가 있었습니다. 그녀는 독특한 감각을 가지고 있었고 종종 화려하고 특이한 의상을 입어 반 친구들 사이에서 눈에 띄었습니다. 많은 학생들이 릴리를 이해하지 못하고 외모만 보고 '이상하다', '다르다'는 등의 편견을 가졌습니다.

그러던 어느 날, 학교에서는 학생들이 자신의 장기를 뽐낼 수 있는 장기자랑을 진행한다고 발표했습니다. 평소 노래에 대한 열정이 있던 릴리는 참가하기로 결정했습니다. 장기자랑 날이 다가오자 학생들은 릴리가 무대에서 어떤 공연을 보여줄지 궁금해했습니다. 학생들은 당연히 뭔가 이상하거나 파격적인 것을 하지 않을까 기대하게 만들었습니다.

장기자랑 당일이 되자 릴리는 활기찬 복장을 하고 무대에 올랐습니다. 노래를 시작하자 아름답고 소울풀한 목소리가 강당을 가득 채웠습니다. 학생들은 릴리의 재능과 감정의 깊이에 매료되었습니다. 외모로만 그녀를 판단했던 학생들은 그녀의 놀라운 재능에 놀라움과 경외감을 느꼈습니다.

장기자랑이 끝난 후 학생들은 릴리에게 감탄과 함께 겉모습을 보고 이상하다고 판단한 자신들의 모습을 후회하였습니다. 그들은 릴리의 외모에만 집중한 나머지 그녀의 진정한 재능과 내면의 모습을 알아볼 기회를 놓쳤다는 사실을 깨달았습니다.

그날 이후 학생들은 겉모습만 보고 사람을 판단해서는 안 된다는 소중한 교훈을 얻었습니다. 학생들은 호기심과 열린 마음으로 다른 사람에게 다가가기 시작했고, 모든 사람에게는 당장 눈에 보이지 않는 독특한 재능, 꿈, 자질이 있다는 것을 인식하기 시작했습니다.

릴리의 이야기는 겉모습은 속일 수 있으며, 진정한 관계와 이해를 통해 다른 사람을 진정으로 알 수 있다는 사실을 일깨워주었습니다. 이 작은 마을의 학생들은 다양성을 포용하고 표면적인 차이를 넘어서서 모든 사람의 내면의 자질을 소중히 여기고 축하하는 보다 포용적이고 서로를 지지하는 커뮤니티를 조성했습니다.

릴리의 이야기는 겉모습만 보고 누군가를 과소평가하거나 판단해서는 안 된다는 교훈을 줍니다. 그 안에는 놀라운 재능과 꿈, 자질이 숨겨져 있을 수 있기 때문입니다.

★☆★ 요점정리

> 외적인 차이를 넘어 진정한 본질을 바탕으로 타인과 소통하는 것이 중요하다는 의미입니다. 공감을 키우고, 고정관념에 도전하고, 관점을 넓히고, 자기 인식을 강화하고, 의미 있는 관계를 형성함으로써 우리는 개인의 성장과 이해를 위한 변화의 여정을 시작할 수 있습니다.

가까운 사람일수록 해서는
안 될 것들이 있다

관계가 깊어지고 의미가 커질수록 사람의 관계와 개인적 성장에 해가 될 수 있는 특정 행동이나 행동이 있다는 것을 의미한다. 이는 친밀한 관계에서 건강한 경계, 존중, 배려를 키우는 것이 중요하다는 점을 강조한다.

자기 인식, 공감, 관계 내에서의 지속적인 성장의 필요성을 강조한다. 다음은 이 개념을 생각해 볼 때 고려해야 할 몇 가지 사항이다.

- 관계가 가까워질수록 상대방의 경계를 이해하고 존중하는 것이 중요해진다. 경계란 개인이 자신의 웰빙, 감정, 개인 공간을 보호하기 위해 설정한 한계와 선호도를 말한다. 이러한 경계를

인정하고 존중함으로써 개인의 성장을 가능하게 하고 관계를 강화하는 신뢰와 상호 존중의 토대를 구축할 수 있다.

- 건강한 관계를 유지하려면 효과적인 의사소통이 필수적이다. 누군가와 가까워질수록 적극적으로 경청하고 공감하며 상대의 관점과 감정을 이해하는 것이 더욱 중요해진다. 우리의 말과 행동이 상대방에게 어떤 영향을 미칠 수 있는지 고려하여 신중하게 행동하는 것이 중요하다. 공감을 실천하고 개방적이고 정직한 의사소통을 장려함으로써 개인의 성장과 더 깊은 유대감을 증진할 수 있다.

- 상대방과 친밀할수록 그 사람의 생각, 감정, 의도에 대해 쉽게 추측할 수 있다. 하지만 가정은 오해와 갈등으로 이어질 수 있다. 호기심을 갖고 기꺼이 질문하고, 설명을 구하고, 의심의 여지를 남겨두는 자세로 상호 작용에 접근하는 것이 중요하다. 가정을 피하고 명확성을 증진함으로써 관계 내에서 개인의 성장과 더 깊은 이해를 위한 공간을 조성할 수 있다.

- 친밀한 관계는 관련된 각 개인의 성장과 발전을 지원해야 한다. 상대방의 고유한 열망, 관심사, 목표를 인정하고 축하하는 것이 중요하다. 개인의 성장을 장려하고 지원적인 환경을 제공함으로써 유대감을 강화하고 관계 내에서 자기 계발의 기회를 창출할 수 있다.

- 건설적인 피드백은 개인의 성장, 특히 친밀한 관계에서 중요한 역할을 한다. 상대방과 가까워질수록 상대방의 강점과 개선할

수 있는 부분을 더 깊이 이해할 수 있다. 비판보다는 성장에 초점을 맞춰 존중하고 지지하는 태도로 피드백을 제공하는 것이 중요하다. 마찬가지로 피드백을 받는 것에 개방적이어야 개인으로서 배우고 성장할 수 있다.

생각은 건강한 경계, 효과적인 의사소통, 공감, 친밀한 관계 내에서 지속적인 개인적 성장의 필요성을 강조한다. 경계를 존중하고, 열린 의사소통을 장려하고, 가정을 피하고, 개인의 성장을 장려하고, 건설적인 피드백을 수용함으로써 개인의 발전과 관계의 성장을 모두 키울 수 있는 환경을 조성할 수 있다.

"가까운 사람일수록 해서는 안 될 것들이 있다"

친구들과 줄다리기 게임을 하고 있다고 상상해 보자. 줄이 점점 짧아지고 팀원들이 서로 가까워질수록 더 조심해서 줄을 당겨야 하겠죠? 아무렇게나 당기거나 팀원을 밀면 게임에서 지고 혼란이 생길 수 있다.

인생의 관계에도 같은 원칙이 적용된다. 친구, 가족, 연인 등 누군가와 더 가까워질수록 우리는 우리의 행동과 말투에 더욱 주의를 기울여야 한다.

몇 가지 예를 들어 보자.

개인 공간 존중 : 줄다리기 게임에서 팀원에게 공간을 양보하는 것처럼, 인간관계에서도 개인 공간을 존중하는 것이 중요하다. 누군가와 가까워질수록 사생활, 혼자만의 시간, 개인적인 경계에 대한 필요성을 인식하는 것이 중요하다. 상대방의 사생활을 침해하거나 지속적인 관심 요구로 압도하지 말자. 개인 공간을 존중하는 것은 상대의 개성을 소중히 여긴다는 것을 보여주며, 보다 건강하고 균형 잡힌 관계를 형성할 수 있다.

경청 : 모든 관계에서 소통은 중요하지만, 상대방과 가까워질수록 상대의 생각과 감정을 적극적으로 경청하고 진정으로 이해하는 것이 더욱 중요하다. 상대방의 생각을 다 안다고 가정하거나 끼어들지 말자. 상대방이 자신을 충분히 표현할 수 있는 공간을 제공하고, 상대방의 입장이 되어 공감하자. 세심하게 배려하고 이해함으로써 유대감을 강화하고 개방적이고 의미 있는 대화를 위한 안전한 공간을 만들 수 있다.

상대방을 배려하자 : 누군가와 친해지면 본의 아니게 상대방이 항상 내 편이 되어줄 거라고 생각하며 당연하게 여길 수 있다. 하지만 줄다리기 게임에서처럼 팀원들을 위해 노력하고 지원하지 않으면 게임에서 패배하게 된다. 마찬가지로 인간관계에서도 서로에게 관심을 보이고, 감사를 표현하고, 관계를 발전시키기 위해 노력하는 것이 중요하다. 저절로 관계가 발전할 것이라고 생각하지 말고 적극적으로 참여하여 상대방이 가치 있다고 느끼도록 하는 게 중요하다.

말과 행동에 주의를 기울이자 : 친밀한 관계일수록 우리의 말과 행동이 상대방에게 더 큰 영향을 미칠 수 있다. 게임에서 한 번의 실수가 균형을 깨뜨릴 수 있는 것처럼, 인간관계에서도 부주의한 말이나 상처 주는 행동이 신뢰와 화합을 해칠 수 있다. 충동적으로 말하거나 행동하기 전에 잠시 시간을 내어 결과를 생각해 보자.

성장과 개성 : 친밀한 관계는 개인의 성장과 발전을 위한 양육의 장이 되어야 한다. 상대방을 통제하거나 변화시키려 하지 말고 개성을 격려하고 열망을 지지해 보자. 서로가 자신의 관심사와 꿈을 자유롭게 탐색할 수 있도록 허용하고, 상대방의 개인적인 성장을 포용함으로써 유대감을 강화하고 상호 지원과 이해의 공간을 만들 수 있다.

우리의 행동에 주의를 기울이고, 개인의 경계를 존중하며, 적극적으로 경청하고, 서로를 당연하게 여기지 말고, 말과 행동을 신중하게 선택하고, 서로의 성장을 지원해야 한다는 것을 상기시켜 준다. 이러한 지침을 준수함으로써 우리는 인생이라는 줄다리기 게임의 도전을 견뎌낼 수 있는 더 강하고 만족스러운 관계를 구축할 수 있다.

번화한 도시에 엠마와 사라라는 두 명의 절친한 친구가 있었습니다. 어린 시절부터 둘은 떼려야 뗄 수 없는 사이였고 모든 것을 함께 공유했습니다. 나이가 들면서 둘의 유대감은 더욱 강해졌고 서로를 가족처럼 여겼습니다.

어느 날 엠마는 꿈에 그리던 대학에 합격했다는 기쁜 소식을 들었습니다. 너무 기뻐서 엠마는 이 소식을 사라와 공유했고, 사라는 친구를 기뻐하는 듯 보였지만 마음속 깊은 곳에서는 질투심을 느낄 수밖에 없었습니다.

며칠이 지나면서 사라는 질투심이 점점 더 커졌고, 엠마의 성취를 깎아내리고 비꼬는 말을 하기 시작했습니다. 사라는 엠마의 성공이 자신의 성공을 깎아내린다고 생각하며 경쟁의식을 느꼈습니다.

하지만 엠마는 사라의 행동 변화를 알아차렸습니다. 가장 친한 친구가 자신의 성취를 지지하고 축하해 줄 것으로 기대했던 사라가 상처를 받고 혼란스러워했습니다. 엠마는 사라에게 자신의 감정과 우려를 표현하며 솔직한 대화를 나누기로 결심했습니다.

진심 어린 대화를 나누는 동안 엠마는 사라에게 우정은 서로를 지지하고 격려하며 축하하는 자리여야 한다는 것을 이해하도록 도와주었습니다. 친한 친구라는 것은 서로의 성공에 위협을 느끼기보다는 서로를 격려하고 축하하는 것을 의미한다고 설명했습니다.

사라는 자신이 저지른 실수를 깨달았습니다. 그녀는 자신의 질투심과 그것이 두 사람의 우정에 미친 부정적인 영향을 인정했습니다. 그 순간부터 그녀는 자신의 행동과 사고방식을 바꾸기 위해 의식적으로 노력했습니다.

엠마와 사라는 우정이 깊어질수록 자신의 행동과 감정에 더욱 주의를 기울여야 한다는 것을 함께 깨달았습니다. 서로의 성취를 축하하고, 개인적인 성장을 지원하며, 긍정적이고 힘을 실어주는 환경을 조성하는 것이 중요하다는 것을 깨달았습니다.

엠마와 사라는 여행을 통해 우정을 회복했을 뿐만 아니라 서로를 진정으로 지지하고 격려하는 것이 어떤 의미인지에 대한 이해도 깊어졌습니다.

엠마와 사라의 이야기는 관계가 더욱 가까워지고 중요해질수록 서로의 감정을 확인하고, 서로를 지지하며, 성장과 상호 축하를 촉진하는 환경을 조성하는 것이 필수적이라는 사실을 일깨워줍니다. 그렇게 함으로써 우리는 서로에게 영감을 주고, 서로의 장점을 끌어낼 수 있는 관계를 발전시킬 수 있습니다.

★☆★ 요점정리

관계가 깊어질수록 건강한 경계를 유지하고, 효과적인 의사소통을 실천하며, 추측을 하지 않는 것이 중요합니다. 개인의 성장을 장려하고, 건설적인 피드백을 수용하며, 각 개인의 개성을 존중하는 것은 긴밀한 관계 속에서 관계를 강화하고 상호 발전을 촉진합니다.

나의 작은 친절이 다른 사람의 삶에 영향을 미친다

아주 작은 친절과 연민의 몸짓도 다른 사람에게 의미 있는 영향을 미칠 수 있다는 뜻이다. 아무리 사소해 보이는 행동이라도 주변 사람들에게 기쁨과 위로, 지지를 가져다줄 수 있다는 점을 강조한다.

다음은 이 개념의 중요성에 대한 몇 가지 성찰이다.

파급 효과 : 연못에 조약돌을 던지면 파문이 일어나 바깥으로 퍼져나가는 것처럼, 우리의 친절한 행동은 다른 사람들의 삶에 파급 효과를 가져올 수 있다. 간단한 미소, 친절한 말 한마디, 도움의 손길은 누군가의 하루를 밝게 하고, 다른 사람에게 베풀고 싶은 마음을 불러일으켜 긍정과 친절의 연쇄 반응을 일으킬 수 있다.

정서적 웰빙 : 작은 친절은 누군가의 정서적 웰빙에 큰 변화를 가져올 수 있다. 자비로운 마음으로 귀 기울여 들어주는 것, 사려 깊은 메모 또는 무작위로 베푸는 관대함은 누군가의 기분을 좋게 하고, 힘든 시기에 위안을 주며, 자신이 관심을 받고 있다는 사실을 상기시켜줄 수 있다. 이러한 제스처는 누군가의 정신적, 정서적 상태에 지속적인 영향을 미칠 수 있다.

연결과 커뮤니티 : 친절은 연결을 촉진하고 커뮤니티를 강화하는 힘이 있습니다. 다른 사람에게 도움의 손길을 내밀거나 공감을 표현할 때, 우리는 소속감과 지지감을 키울 수 있습니다. 우리의 작은 친절은 모두가 가치 있고 지지받는다고 느끼는 배려심과 배려가 넘치는 커뮤니티를 구축하는 데 기여합니다.

영감을 주는 변화 : 작은 친절이 누군가의 삶에 변화를 불러일으킬 수 있는 잠재력을 과소평가하지 말자. 격려의 말이나 응원의 손짓 몇 마디가 누군가에게 꿈을 추구하고 장애물을 극복하거나 삶에 긍정적인 변화를 가져오는 데 필요한 동기 부여와 용기를 줄 수 있다. 여러분의 친절이 누군가를 변화의 길로 이끄는 촉매제가 될 수도 있다.

개인적인 성취감 : 친절한 행동은 다른 사람에게 도움이 될 뿐만 아니라 우리 자신의 삶에도 성취감과 목적의식을 가져다준다. 자신의 행동이 다른 사람의 행복에 미치는 영향을 목격할 때, 긍정적인 변화를 일으킬 수 있는 우리 고유의 능력을 재확인하게 된다. 또한 인류의 상호 연결성과 더 나은 세상에 기여할 수 있는 잠

재력을 상기시켜 준다.

저는 제 삶에서 아주 작은 친절의 행동도 다른 사람의 삶에 큰
변화를 가져올 수 있다는 믿음을 받아들이려고 노력한다. 경청의
자세로 귀를 기울이고, 도움의 손길을 내밀고, 연민과 이해를 표현
하는 등 저는 이러한 행동이 다른 사람의 삶에 빛과 긍정을 가져다
주는 힘을 잘 알고 있다.

"나의 작은 친절이 다른 사람의 삶에 영향을 미친다"
어디를 가든 친절을 뿌릴 수 있는 마술 지팡이가 있다고 상상해
보자. 칭찬을 하거나 어려운 사람을 돕는 등 작은 친절의 행동을
할 때마다 반짝이는 마법이 발산된다. 그 마법은 공기를 통해 다른
사람의 마음에 닿아 행복과 사랑을 느끼게 한다.

친절한 행동 하나하나가 연못에 떨어지는 물방울과 같아서 멀리
까지 퍼져나가는 파문을 일으킨다. 누군가를 위해 친절한 행동을
하면 그 사람의 삶에 긍정적인 영향을 미치고, 여러분의 미소가 상
대방의 하루를 밝게 만들거나 격려가 상대방의 자신감을 높여줄
수도 있다. 이러한 작은 친절은 누군가의 하루를 더 좋게 만들고 마
음에 따뜻함을 가져다주는 힘이 있다.

하지만 그 마법은 여기서 멈추지 않는다! 누군가가 여러분의 친
절을 경험하면 그 친절을 다른 사람에게 전하고 싶어진다. 마치 친

절의 연쇄 반응과도 같다. 친구, 가족, 심지어 길을 가다 만나는 낯선 사람에게도 더욱 친절하게 대할 수 있다. 여러분의 작은 친절이 긍정적인 에너지의 물결을 일으켜 더 많은 사람들에게 감동을 선사할 수 있다.

여러분의 친절은 사소해 보일지라도 큰 영향을 미친다. 마치 연못에 조약돌을 떨어뜨리면 그 파문이 구석구석까지 퍼져나가는 것을 보는 것과 같다. 여러분에게는 친절한 말 한마디, 도움의 손길, 사려 깊은 제스처만으로도 누군가의 삶을 변화시킬 수 있는 힘이 있다.

이제 친절이라는 마술 지팡이를 들고 가는 곳마다 반짝이는 마법을 퍼뜨리는 자신을 상상해 보자. 여러분이 하는 모든 작은 친절의 행동이 다른 사람의 삶에 작은 행복과 사랑을 만들어낼 수 있다. 그리고 이러한 작은 친절이 모여 더 밝고 친절하며 즐거운 파장으로 가득한 세상을 만들 수 있다.

여러분의 작은 친절로 누군가의 일상의 영웅이 되어 세상에 미소와 따뜻함을 전할 수 있는 힘이 여러분에게 있다는 사실을 기억하자. 여러분의 친절이 다른 사람들에게 미치는 긍정적인 영향을 지켜보자.

◇◇◇

작은 친절이 얼마나 큰 힘을 발휘하는지 보여주는 따뜻한 이야기를 소개합니다.

민주라는 어린 소녀가 살았습니다. 민주는 밝은 미소와 친절로 가득 찬 마음을 가졌어요. 매일 학교에 가는 길에 민주는 공원 벤치에 앉아 있던 광석 씨라는 노인을 지나쳤습니다.

어느 쌀쌀한 겨울 아침, 민주는 광석 씨가 추위에 떨고 슬퍼 보이는 것을 발견했습니다. 광석 씨의 하루를 따뜻하게 해드리기로 결심한 민주는 뭔가 따뜻한 일을 하기로 결심했습니다. 그녀는 집으로 달려가 좋아하는 목도리를 들고 서둘러 공원으로 돌아왔습니다.

민주는 활짝 웃으며 광석 씨에게 다가가 목도리를 부드럽게 목에 둘러주었습니다. 광석 씨의 눈에는 고마움이 가득했습니다. 목도리를 건네는 간단한 행동이 그의 몸을 따뜻하게 해줄 뿐만 아니라 마음까지 감동시켰습니다.

그날부터 민주와 광석 씨는 유대감을 형성했습니다. 민주는 방과 후 광석 씨를 찾아가 하루 일과를 이야기하고 이야기를 나누며 함께 웃곤 했습니다. 작은 친절이 아름다운 우정을 만들어낸 것입니다.

시간이 지나면서 민주의 친절은 동네의 다른 사람들에게 영감을 주었습니다. 사람들은 민주와 광석 씨 사이의 특별한 유대감을 알아차리고 다른 외로운 사람들에게 도움의 손길을 내밀거나 귀를 기울이기 시작했습니다. 공원은 서로를 연결하고 친절을 베푸는 모임의 장소가 되었습니다.

민주의 작은 친절은 이웃 전체로 퍼져나가는 파급 효과를 가져왔습니다. 동네는 더욱 정이 넘쳤고 사람들은 서로를 살피기 시작했습니다. 단순한 목도리 한 장으로 시작한 일이 친절로 하나되는 커뮤니티로 성장한 것입니다.

민주의 이야기는 작은 친절의 행동이 삶을 감동시키고, 관계를 형성하며, 다른 사람들에게 친절하도록 영감을 줄 수 있는 힘이 있다는 것을 일깨워 줍니다. 민주처럼 우리 모두는 아무리 사소한 행동이라도 변화를 일으킬 수 있는 능력을 가지고 있습니다. 우리의 친절한 행동은 긍정적인 연쇄 반응을 일으켜 커뮤니티를 연민과 지지의 안식처로 변화시킬 수 있는 잠재력을 가지고 있습니다.

민주처럼 우리의 작은 친절로 따뜻함과 기쁨, 우정을 전파하는 사람이 되어 봅시다. 우리가 함께라면 한 번에 한 가지씩 세상을 더 밝고 친절한 곳으로 만들 수 있습니다.

★☆★ 요점정리

아주 작은 친절의 몸짓이라도 다른 사람에게 긍정적인 영향을 미칠 수 있는 힘이 있다는 뜻입니다. 이러한 행동은 긍정적인 파문을 일으키고, 정서적 웰빙에 기여하며, 연결과 커뮤니티를 조성하고, 변화를 불러일으키고, 개인적인 성취감을 가져다줍니다. 우리의 행동이 다른 사람의 삶에 미칠 수 있는 심오한 영향을 상기시켜 줍니다.

지나친 배려로 손해를
보아서는 안된다

다른 사람을 동정하고 배려하는 것이 중요하지만, 그것이 자신의 재정적 안녕이나 개인적인 경계를 희생해서는 안 된다는 의미이다. 이 개념은 자기 계발에 있어 균형, 자기 관리, 건강한 경계가 필요하다는 점을 강조한다.

이 개념과 관련된 몇 가지 인사이트 (insight) 는 다음과 같다.

경계와 자기 관리 : 타인을 배려하고 동정심을 갖는 것은 훌륭한 일이지만, 자신의 웰빙을 보호하기 위해 경계를 설정하는 것이 중요하다. 자신의 한계를 인식하고 신체적, 정서적, 재정적으로 자신을 돌보는 것이 중요하다. 경계를 설정하면 무리한 업무로 인

해 발생할 수 있는 피로, 소진, 잠재적인 재정적 부담을 방지할 수 있다.

공감과 분별력 : 공감을 통해 우리는 감정적인 수준에서 다른 사람을 이해하고 소통할 수 있다. 하지만 공감과 분별력의 균형을 맞추는 것이 중요하다. 즉, 판단력을 발휘하여 상황을 평가하고 언제 어떻게 지원을 제공할지 결정해야 한다. 자신의 행동이 자신의 자원에 미칠 수 있는 영향을 고려하고 동정심을 가지면서도 자신의 필요를 염두에 두어야 한다.

전략적 기부 및 지원 : 전략적 기부는 아무런 대가 없이 자유롭게 기부하는 것이 아니라 언제, 어떻게 도움을 제공할지 신중하게 결정하는 것을 포함한다. 즉, 리소스(resource) 제공, 안내, 적절한 서비스 연결 등 다른 사람을 지원할 수 있는 가장 효과적인 방법을 고려하는 것이다. 전략적 기부를 통해 타인과 본인 모두에게 의미 있고 지속 가능한 영향을 미칠 수 있다.

재정적 책임 : 자신의 재정적 안녕을 돌보는 것은 자기 계발의 중요한 측면이다. 여기에는 현명한 재정적 선택, 예산 책정, 저축, 자신의 미래에 대한 투자가 포함된다. 재정적 안정성을 확보하면 자신의 재정적 안정을 위태롭게 하지 않으면서도 필요할 때 다른 사람에게 도움을 제공할 수 있는 준비가 더 잘 갖춰진다.

자기 성찰과 자기 인식 : 정기적인 자기 성찰과 자기 인식은 자신의 동기, 한계를 이해하는 데 필수적이다. 자신의 가치관, 우선순위, 목표를 검토함으로써 타인을 배려하는 본성을 개인적인 성장 여정에 맞출 수 있다. 이러한 자기 인식은 자신의 필요와 자원을 존중하면서 다른 사람을 배려하는 방법에 대해 의도적인 선택을 내리는 데 도움이 된다.

"지나친 배려로 손해를 보아서는 안된다"

여러분의 자원과 재정적 안녕을 상징하는 마법의 돼지 저금통이 있다고 상상해 보자. 이 돼지 저금통에는 친근한 알림이 적혀 있다. '너무 배려해서 돈을 잃지 마세요!' 이 개념이 인생에서 의미하는 바를 이해하기 위해 재미있는 여정을 시작해 봅시다.

돈을 쿠키 한 묶음이라고 생각해보자. 이제 친절한 마음으로 만나는 모든 사람과 그 쿠키를 나누고 싶다고 상상해 보자. 남을 배려하고 관대하게 베푸는 것은 멋진 일이지만, 자신을 위해서도 쿠키를 충분히 남겨두어야 한다는 사실을 기억하자!

지나치게 배려하는 것은 자신의 필요와 재정적 안정을 고려하지 않고 너무 많은 쿠키를 나눠주는 것을 의미한다. 다른 사람을 위해 맛있는 과자를 구우면서 정작 자신을 위해 남겨두는 것을 잊어버리는 것과 같다.

이제 핵심은 친절과 자기 관리 사이의 적절한 균형을 찾는 것이다. 쿠키를 나눠 먹는 것처럼, 나 자신을 위해 몇 개를 남겨둘지 염두에 두어야 한다. 자신의 필요를 돌보면 자신의 웰빙을 유지하기에 충분한 쿠키를 확보할 수 있다.

좀 더 자세히 살펴보자.

쿠키 예산 책정 : 돈을 정해진 양의 쿠키가 들어 있는 쿠키 항아리처럼 생각해 보자. 자신이 필요한 만큼만 남기고 다른 사람들과 편안하게 나눌 수 있는 쿠키 수를 계획해 보자. 이렇게 하면 재정적 안정성을 해치지 않으면서도 너그러운 마음을 가질 수 있다.

쿠키 우선순위 지정 : 즐겨 찾는 쿠키처럼 리소스(resource)를 할당하는 방법의 우선순위를 정하자. 너무 많은 쿠키를 나눠주기 전에 필수적인 필요를 먼저 충족시키는지 확인하자. 재정 상태를 잘 관리하면 자신의 안정성을 희생하지 않고도 다른 사람들과 계속 나눌 수 있다.

새 쿠키 굽기 : 마법의 돼지 저금통에는 무한한 쿠키 레시피가 있다는 사실을 기억하자! 자원을 늘리고 더 많은 쿠키를 만드는 데 집중하자. 이는 현명한 재정적 선택, 투자, 새로운 기회 탐색을 통해 달성할 수 있다. 쿠키가 많을수록 쿠키가 떨어질 걱정 없이 더 많이 공유할 수 있다.

신중한 공유 : 쿠키를 받을 사람을 고려하는 것처럼, 여러분의 관대함이 미치는 영향도 고려하자. 진정으로 도움이 필요한 사람이 누구인지, 여러분의 자원이 어떻게 의미 있는 변화를 가져올 수 있는지를 염두에 두자. 자신의 가치관에 부합하고 타인의 삶에 긍정적인 영향을 줄 수 있는 친절한 행동을 선택해 보자.

타인을 배려하는 것과 자신의 재정적 안녕을 돌보는 것 사이에서 적절한 균형을 찾으면 나눔의 기쁨을 누리는 동시에 자신의 안정과 개인적 성장을 보장할 수 있다.

마법의 돼지 저금통은 지나친 배려로 돈을 잃지 않도록 상기시켜준다는 사실을 기억하자. 따라서 친절하고 관대하게 베풀되, 자신의 재정적 쿠키도 염두에 두자. 이 균형을 찾으면 풍요로움과 다른 사람의 삶을 변화시키는 기쁨이 모두 가득한 삶을 만들 수 있다.

다음은 연민과 자기 관리 사이의 균형을 찾는다는 아이디어를 잘 보여주는 이야기입니다.

영희라는 젊은 여성이 있었는데, 마음은 친절하고 다른 사람을 돕고자 하는 열정이 가득했습니다. 그녀는 도움이 필요한 사람들을 돕기 위해 자신의 시간, 에너지, 자원을 희생하면서까지 도움의 손길을 내밀곤 했습니다. 어느 날 영희는 소외된 가정에 도움을 제공하는 지역 자선단체에 대해 알게 되었습니다. 자선단체의 취지에 감명을 받은 그녀는 자신이 할 수 있는 한 많은 것을 기부하기로 결심했습니다. 영희는 수입의 상당 부분을 기부하고, 장시간 자원봉사를 하고, 자선단체에 더 많은 기금을 모으기 위해 다른 일을 추가로 맡기 시작했습니다.

처음에 영희는 자신의 노력에서 성취감과 목적의식을 느꼈습니다. 자신이 다른 사람들의 삶에 긍정적인 영향을 끼치는 것을 보고 기쁨을 느꼈습니다. 하지만 시간이 지날수록 영희는 자신의 건강을 소홀히 하기 시작했습니다. 그녀는 지칠 줄 모르고 일하면서 종종 자기 관리를 소홀히 했고, 재정 상황도 어려워졌습니다.

어느 날 광석이라는 현명한 멘토가 영희의 지친 모습을 발견하고 연민과 자기 관리 사이의 균형을 찾는 것의 중요성에 대해 이야기해 주었습니다. 그는 비슷한 도전에 직면했던 자신의 인생 이야기를 들려주었습니다.

광석이는 남을 배려하고 베푸는 것은 훌륭한 일이지만, 영희에게 자신의 웰빙을 우선시해야 한다고 설명했습니다. 그는 경계를 설정하고 친절한 행동이 자신의 신체적, 정서적, 재정적 건강을 희생시키지 않도록 하는 것이 중요하다고 강조했습니다.

영희는 그의 조언을 마음에 새기며 세상에 긍정적인 영향을 계속 미치기 위해서는 먼저 자신을 돌봐야 한다는 것을 깨달았습니다. 그녀는 경계를 설정하고, 자기 관리를 위해 시간을 할당하고, 책임감 있게 재정을 관리하는 방법을 배웠습니다.

이러한 균형을 찾은 영희는 자신의 웰빙을 희생하지 않으면서도 다른 사람들의 삶에 변화를 가져올 수 있다는 사실을 깨달았습니다. 그녀는 계속해서 자선 단체에 기부했지만, 자신의 역량과 자원에 맞는 보다 지속 가능한 방식으로 기부했습니다. 영희는 자기 관리를 통해 새로운 에너지와 열정으로 온전한 모습을 보여줄 수 있었고, 그 결과 더욱 의미 있는 영향력을 발휘할 수 있었습니다.

영희의 이야기는 타인에 대한 연민과 배려도 중요하지만, 우리 자신의 행복을 우선시해야 한다는 사실을 일깨워줍니다. 나눔과 자기 관리 사이의 균형을 찾음으로써 우리는 개인의 성장과 성취를 보장하는 동시에 세상에 긍정적인 영향을 지속적으로 미칠 수 있습니다.

영희의 여정과 광석 씨의 지혜를 기억하며 우리 각자의 길을 찾아 나갑시다. 올바른 균형을 찾음으로써 우리의 친절한 행동이 다른 사람에게 도움이 될 뿐만 아니라 우리 자신의 웰빙과 자기계발에도 기여하는 삶을 가꾸어 나갈 수 있습니다.

★☆★ 요점정리

연민과 자기 관리 사이의 균형을 찾는 것을 의미합니다. 여기에는 건강한 경계를 설정하고, 전략적인 기부를 실천하고, 재정적으로 책임감을 갖고, 자기 성찰에 참여하는 것이 포함됩니다. 이러한 균형을 유지하면 다른 사람을 돌보는 동시에 자신의 재정적 안녕과 개인적 성장을 유지할 수 있습니다.

스트레스는 빨리 떨쳐 버리는 것이 좋다

스트레스를 적시에 관리하고 줄이는 것이 중요하다는 것을 인식하라는 의미이다. 이는 웰빙을 우선시하고, 회복력을 키우며, 건강한 마음가짐을 길러야 할 필요성을 강조한다.

다음은 이 개념과 관련된 몇 가지 인사이트(insight)는 다음과 같다.

스트레스의 영향 인정하기 : 스트레스는 신체적, 정서적, 정신적 웰빙에 해로운 영향을 미칠 수 있다. 생산성, 인간관계, 전반적인 삶의 질을 저해할 수 있다. 스트레스의 부정적인 영향을 인정하는 것은 스트레스를 해결하기 위한 적극적인 조치를 취하는 첫

번째 단계이다.

스트레스 관리 전략 개발 : 스트레스를 관리하기 위한 효과적인 전략을 개발하는 것이 중요하다. 여기에는 심호흡, 마음 챙김과 같은 이완 기술을 연습하거나 운동, 취미, 자연에서 보내는 시간 등 스트레스 해소에 도움이 되는 활동에 참여하는 것이 포함될 수 있다. 스트레스 관리 기법이 담긴 툴킷을 준비해두면 스트레스를 그때그때 해결하고 스트레스가 확대되는 것을 방지할 수 있다.

자기 관리에 우선순위를 둔다 : 자기 관리는 스트레스를 관리하고 줄이는 데 필수적이다. 여기에는 충분한 수면, 균형 잡힌 식사, 좋아하는 활동, 건강한 관계 형성 등 우리에게 영양을 공급하고 재충전할 수 있는 활동을 위한 시간을 따로 마련하는 것이 포함된다. 자기 관리에 우선순위를 두면 회복력을 키우는 데 도움이 되며 스트레스에 보다 효과적으로 대처할 수 있는 토대를 마련할 수 있다.

지원 구하기 : 스트레스를 혼자서 감당할 필요는 없다는 사실을 기억하는 것이 중요하다. 친구, 가족 또는 전문가에게 도움을 구하는 것은 스트레스가 많은 상황을 헤쳐나가는 데 큰 도움이 될 수 있다. 어려움을 털어놓고 조언이나 도움을 구하면 새로운 관점, 조언, 정서적 지지를 얻을 수 있다.

긍정적인 마인드 함양 : 긍정적인 사고방식을 기르는 것은 스트레스를 인식하고 대응하는 방식에 큰 영향을 미칠 수 있다. 감사하는 마음을 연습하고, 부정적인 생각을 재구성하고, 문제에 집착하기보다 해결책에 집중하면 스트레스 완화에 도움이 될 수 있다. 긍정적인 시각을 키우면 회복탄력성이 향상되고 스트레스를 보다 효과적으로 처리할 수 있다.

시간 관리 및 정리 : 잘못된 시간 관리와 정리 정돈은 스트레스의 원인이 될 수 있다. 업무의 우선순위를 정하고 현실적인 목표를 설정하며 효과적인 시간 관리 전략을 실행하면 스트레스 수준을 줄일 수 있다. 작업을 관리 가능한 단계로 나누고 체계적인 루틴을 만들면 생산성을 향상시키고 마감일과 과중한 업무량으로 인한 압박을 완화할 수 있다.

우리의 전반적인 웰빙을 위해 스트레스를 적극적으로 관리하는 것이 중요하다는 것을 강조한다. 스트레스의 영향을 인식하고, 스트레스 관리 전략을 개발하고, 자기 관리의 우선순위를 정하고, 도움을 구하고, 긍정적인 사고방식을 기르고, 효과적인 시간 관리를 실천함으로써 스트레스를 효과적으로 줄이고 보다 균형 잡히고 만족스러운 삶을 만들 수 있다.

"스트레스는 빨리 떨쳐 버리는 것이 좋다"

오늘은 우리 모두에게 있는 초능력, 즉 스트레스를 빠르게 해소할 수 있는 힘에 대해 이야기해 보려고 한다. 스트레스를 날려버리는 마술 지팡이라고 생각해보자. 이제 스트레스 해소의 땅으로 재미있고 쉽게 떠날 수 있는 여행을 떠나보자.

손목을 튕겨서 스트레스를 날려버릴 수 있는 놀라운 능력을 가진 슈퍼히어로가 되었다고 상상해 보자. 스트레스가 엄습해오면 내면의 슈퍼히어로를 불러내어 '쾅! 스트레스를 날려버릴게요!'라고 외쳐보자.

에너지 부스터 : 스트레스는 악당 뱀파이어처럼 에너지를 빨아들일 수 있다. 하지만 스트레스를 빨리 풀면 에너지를 되찾고 활력을 되찾을 수 있다. 마치 초능력을 재충전하는 것과 같다.

마음의 매듭 풀기 : 스트레스는 마음속에 얽힌 매듭과 같을 수 있다. 하지만 스트레스를 놓아버리면 매듭이 풀리고 마음이 자유로워지는 것과 같다. 명확하게 생각하고, 더 나은 결정을 내리고, 진정으로 중요한 것에 집중할 수 있다.

잠재된 기쁨 : 스트레스는 행복을 방해할 수 있지만, 스트레스를 놓아버리면 내면에 잠재된 기쁨을 끌어낼 수 있다. 마치 수문을 열고 행복이 자유롭게 흐르도록 허용하는 것과 같다.

평화로운 전사 : 스트레스를 놓으면 금방 평화로운 전사로 변한다. 회복력이 강해지고 침착하고 우아하게 도전에 맞설 수 있게 된다. 스트레스의 해로운 영향으로부터 자신을 보호하는 보이지 않는 방패를 착용하는 것과 같다.

더 나은 관계 : 스트레스는 크립토나이트처럼 인간관계를 긴장시킬 수 있지만, 스트레스를 바르게 해소하면 훌륭한 친구이자 파

트너가 될 수 있다. 긍정적인 에너지를 발산하고 다른 사람을 지원하며 조화로운 관계를 형성할 수 있다.

흥미로운 모험 : 스트레스가 사라지면 새로운 가능성의 세계가 열린다. 흥미진진한 모험을 시작하고 열정을 추구하며 모든 순간을 최대한 활용할 수 있다. 마치 무한한 기회의 마법의 영역에 발을 들여놓는 것과 같다.

스트레스를 빠르게 해소하는 것은 여러분 안에 있는 초능력이라는 사실을 기억하자. 여러분에게는 스트레스를 해소하고 웰빙을 되찾을 수 있는 능력이 있다. 그러니 내면의 슈퍼히어로를 불러일으키고 심호흡, 운동, 웃음 등 스트레스를 해소하는 기술을 연습해 보자.

스트레스 해소의 길로 떠나는 이 여정에서 스트레스를 빠르게 날려버릴 수 있는 힘을 느껴보자. 스트레스 해소 마술 지팡이를 사용해 스트레스를 날려버리고 에너지, 휴식, 기쁨, 평화, 흥미진진한 모험으로 가득한 삶을 만들어 보자.

스트레스를 효과적으로 관리하는 것이 얼마나 중요한지 잘 보여주는 이야기가 있습니다.

릴리라는 젊은 여성이 살았습니다. 그녀는 야심차고 자신의 일에 헌신적이었으며, 커리어에서 성공하기 위해 끊임없이 노력했습니다. 릴리는 힘든 직업을 가지고 있었기 때문에 종종 부담감과 스트레스를 느꼈습니다.

몇 주가 지나면서 릴리의 스트레스는 건강에 악영향을 미치기 시작했습니다. 잠 못 이루는 밤, 짜증, 일상에서의 즐거움 부족으로 어려움을 겪었습니다. 그녀는 스트레스가 자신을 완전히 집어삼키기 전에 스트레스를 관리할 방법을 찾아야 한다는 것을 깨달았습니다.

그러던 어느 날 릴리는 스트레스 관리 기법에 대한 지침을 제공하는 책을 발견했습니다. 그녀는 자기 관리, 휴식, 도움 구하기의 중요성에 대해 배웠습니다. 흥미를 느낀 그녀는 이러한 전략을 시도해 보기로 결심했습니다.

릴리는 자기 관리 방법을 일상에 도입하기 시작했습니다. 그림 그리기, 독서, 연인과 시간 보내기 등 자신이 좋아하는 활동에 시간을 할애했습니다. 또한 그녀는 심호흡 운동과 마음챙김 명상의 힘을 배웠고, 이를 통해 혼돈 속에서 평온한 순간을 찾는 데 도움이 되었습니다.

혼자서 스트레스를 감당할 필요가 없다는 것을 깨달은 릴리는 친한 친구에게 연락해 자신의 어려움을 털어놓았습니다. 친구는 귀 기울여 들어주고 소중한 조언을 해주었으며 필요한 경우 전문가의 도움을 받으라고 권유했습니다. 이러한 지원을 통해 릴리는 자신의 여정이 혼자가 아니라는 것을 깨달았습니다.

시간이 지나면서 릴리의 스트레스 지수는 감소하기 시작했습니다. 그녀는 현실적인 목표를 설정하고 작업의 우선순위를 효과적으로 정하면서 더욱 체계적이 되었습니다. 이를 통해 시간을 보다 효율적으로 관리하고 직장에서 느끼는 압박감을 줄일 수 있었습니다.

릴리는 스트레스 관리를 우선순위로 삼으면서 삶의 긍정적인 변화를 발견했습니다. 잠을 더 잘 자고 활력이 넘쳤으며 새로운 기쁨과 성취감을 경험했습니다. 사랑하는 사람들과 더 많이 만나고 소통할 수 있게 되면서 인간관계도 개선되었습니다.

릴리는 여정을 통해 스트레스 관리가 일시적인 안도감을 찾는 것뿐만 아니라 웰빙에 대한 총체적인 접근 방식을 채택하는 것임을 깨달았습니다. 이를 위해서는 자기 관리에 힘쓰고, 도움을 구하고, 균형 잡힌 삶을 만들기 위한 효과적인 전략을 실행하는 것이 필요했습니다.

릴리의 이야기는 스트레스는 삶의 자연스러운 일부이지만 어떻게 관리하느냐에 따라 큰 차이를 만들 수 있다는 점을 일깨워줍니다. 웰빙을 우선시하고, 자기 관리를 실천하고, 도움을 구하고, 효과적인 스트레스 관리 기술을 실천함으로써 우리는 회복탄력성을 가지고 삶의 어려움을 헤쳐나가고, 혼란 속에서도 기쁨을 찾고, 보다 만족스럽고 균형 잡힌 삶을 만들어갈 수 있습니다.

따라서 릴리의 이야기를 기억하고, 아무리 힘든 상황에서도 우리에게는 삶을 변화시키고 내면의 평화를 찾을 수 있는 힘이 있다는 것을 알고 스트레스를 효과적으로 관리하기 위해 노력합시다.

★☆★ 요점정리

스트레스의 영향을 인식하고 스트레스 관리의 우선순위를 정합니다. 스트레스 해소 및 자기 관리를 위한 전략을 개발합니다. 도움을 구하고 긍정적인 마음가짐을 기릅니다. 스트레스를 줄이기 위해 효과적인 시간 관리를 실천합니다. 균형 잡히고 만족스러운 삶을 위해 웰빙에 우선순위를 둡니다.

사람과의 관계에서 적당한
거리를 두는 것이 좋다

인간관계에서 얼마나 가깝거나 먼지에 대한 균형을 찾는 것을 의미한다. 여기에는 자신의 경계를 이해하고, 타인의 경계를 존중하며, 개인의 성장과 웰빙을 지원하는 건강한 역학 관계를 만드는 것이 포함된다.

다음은 이 개념과 관련된 몇 가지 인사이트 (insight) 는 다음과 같다.

개인적 경계 존중 : 개인마다 개인 공간, 프라이버시, 자율성에 대한 요구가 다르다. 자신만의 시간, 재충전을 위한 공간, 사색을 위한 프라이버시가 필요할 때를 인식하여 자신의 경계를 인식하고

존중하는 것이 중요하다. 개인의 경계를 존중하면 정서적 안녕을 유지하는 데 도움이 되며, 인간관계에서 온전하고 진정성 있는 모습을 보여줄 수 있다.

타인의 경계 존중하기 : 우리에게 자신의 경계가 있듯이 다른 사람의 경계도 존중하는 것이 중요하다. 사람마다 정서적 친밀감과 개인 공간에 대한 편안함의 정도가 다르다. 다른 사람의 경계를 이해하고 존중함으로써 우리는 상호 존중을 증진하고 신뢰와 이해의 환경을 조성할 수 있다.

적절한 균형 찾기 : 관계에서 적절한 거리는 사람마다, 상황마다 다르다. 여기에는 친밀감과 거리감, 정서적 연결과 개인의 성장 사이의 균형을 찾는 것이 포함된다. 이러한 균형은 관계에 있는 두 사람 모두가 번창하고 서로의 개인적 발전을 지원할 수 있는 건강한 상호의존을 가능하게 한다.

개인의 성장 촉진 : 관계에서 적절한 거리를 유지하는 것은 개인의 성장과 자기계발에 도움이 된다. 이를 통해 각자의 관심사, 목표, 열정을 추구할 수 있으며 독립심과 개인적 성취감을 키울 수 있다. 건강한 수준의 자율성을 유지함으로써 우리는 개인으로서 계속 진화하고 관계에 새로운 관점과 경험을 가져올 수 있다.

소통과 이해 : 개방적이고 정직한 의사소통은 관계에서 적절한 거리를 유지하는 데 있어 핵심이다. 필요, 우려, 욕구를 표현함으로써 공통점을 찾고 양측 모두에게 도움이 되는 균형을 협상할 수 있다. 서로의 관점을 이해하고 공감하면 더 강력한 관계를 구

축하고 상호 성장을 촉진하는 데 도움이 된다.

양보다 질 : 함께 보내는 시간의 양이 중요한 것이 아니라 관계의 질이 중요하다. 때로는 약간의 거리를 두는 것이 서로에 대한 감사와 기대감을 높여 함께 보내는 시간을 더욱 의미 있고 충만하게 만들 수 있다. 공유할 때 관계를 더욱 풍요롭게 할 수 있는 개인의 경험과 성장이 가능하다.

인간관계에서 적절한 거리를 유지하는 것은 개인의 경계를 존중하고, 개인의 성장을 촉진하며, 건강한 역동성을 창출하는 균형을 찾는 것이다. 자신의 경계를 이해하고 존중하며 타인의 경계를 존중하고 열린 의사소통을 함으로써 자기 계발과 전반적인 웰빙을 지원하는 관계를 발전시킬 수 있다.

"사람과의 관계에서 적당한 거리를 두는 것이 좋다"

일상생활에서 어떤 의미인지 재미있고 알기 쉽게 설명해 보자.

다양한 공연과 게임으로 둘러싸인 활기찬 놀이동산에 있다고 상상해 보자. 이제 사람들과의 관계를 다양한 놀이기구라고 생각해보자. 어떤 놀이기구는 스릴 있고 짜릿한 반면, 어떤 놀이기구는 편안하고 차분한 느낌을 준다.

사람들과 건강한 거리를 유지하는 것은 놀이기구를 현명하게 이용하는 것과 같다. 신나는 롤러코스터를 타는 것과 평화로운 관람

차에서 휴식을 취하는 것 사이에서 균형을 찾는 것이다. 인간관계와 마찬가지로 적절한 친밀감과 거리를 찾는 것이 중요하다.

건강한 거리를 유지하는 것이 유익한 이유는 다음과 같다.

재미와 다양성 : 놀이동산에는 다양한 놀이기구가 있으며, 각 놀이기구마다 다른 재미가 있다. 마찬가지로 건강한 거리를 유지하면 다양한 관계를 즐길 수 있다. 다양한 사람들과 교류하고 다양한 관계를 탐색하면서 흥분과 새로운 관점을 얻을 수 있다.

개인적 성장 : 새로운 놀이기구를 타는 것이 우리에게 도전과 풍요로움을 주는 것처럼, 사람들과의 건강한 거리를 유지하는 것은 개인의 성장을 촉진한다. 이는 자기 발견, 독립적 사고, 개인의 관심사를 추구할 수 있는 공간을 제공한다. 이러한 성장은 개인의 고유한 자질을 향상시키고 전반적인 웰빙에 기여한다.

정서적 균형 : 격렬한 라이딩에 너무 많은 시간을 할애하는 것이 부담스러울 수 있는 것처럼, 다른 사람과 너무 가까운 거리에서 지나치게 많은 시간을 보내는 것은 정서적 피로로 이어질 수 있다. 건강한 거리를 유지하면 정서적 균형을 유지하여 재충전하고 사색하며 자신의 웰빙을 돌볼 수 있는 시간을 가질 수 있다.

건강한 경계 : 놀이동산에 안전 수칙과 경계선이 있어 모두의 안녕을 보장하는 것처럼, 인간관계에서 건강한 거리를 유지하는 것은 개인적인 경계를 설정하고 존중하는 것이다. 이는 자신의 필

요, 한계, 가치를 이해하는 동시에 다른 사람의 경계도 존중하는 것을 의미한다. 이는 상호 존중과 건강한 상호작용을 촉진한다.

감사와 기대 : 놀이동산에서 다양한 놀이기구를 이용하면 기대 감이 생겨 다시 돌아왔을 때 더 즐거운 경험을 할 수 있다. 마찬가지로, 인간관계에서 건강한 거리를 유지하면 잠시 떨어져서 사색할 수 있는 시간을 가질 수 있어 다시 연결되었을 때 더 큰 감사를 느낄 수 있다. 이는 관계를 신선하고 흥미진진하게 유지한다.

스릴 넘치는 놀이기구와 편안한 명소 사이에서 균형을 찾는 것임을 기억하자. 건강한 거리를 유지하면 다양성을 포용하고, 개인의 성장을 촉진하며, 정서적 균형을 유지하고, 건강한 경계를 설정하고, 감사와 기대감을 키울 수 있다.

관계에서 적절한 거리를 두는 것이 얼마나 중요한지 잘 보여주는 이야기가 있습니다.

어느 고풍스러운 마을에 사라와 에밀리라는 절친한 두 친구가 있었습니다. 둘은 무엇이든 함께 하고, 가장 깊은 비밀을 공유하며, 서로의 곁을 지켰습니다. 둘의 유대감은 끊을 수 없을 것 같았습니다.

세월이 흐르면서 사라와 에밀리는 우정이 숨 막히게 느껴지기 시작했다는 사실을 깨달았습니다. 깨어 있는 모든 순간을 함께 보내면서 각자의 성장과 개인 공간을 위한 여지가 거의 없었죠. 한때 활기찼던 우정은 점점 긴장감을 느끼기 시작했습니다.

그러던 어느 날, 두 사람은 서로의 감정에 대해 솔직하게 대화하기로 결심했습니다. 두 사람은 관계에서 적절한 균형을 찾아야 한다는 것을 깨달았고, 관계를 소중히 여기면서도 개인적인 성장을 위한 공간을 확보할 수 있었습니다.

이렇게 새롭게 알게 된 서로에 대한 이해를 바탕으로 사라와 에밀리는 각자의 관심사를 포용하고 각자의 열정을 추구하기 시작했습니다. 그들은 개인적인 취미, 목표, 자기 성찰에 시간을 할애했습니다. 이를 통해 두 사람은 우정에 새로운 관점과 경험을 불어넣을 수 있었습니다.

건강한 거리를 유지하면서 이들은 떨어져 있는 시간이 재회를 더욱 즐겁게 만든다는 사실을 발견했습니다. 새로운 이야기를 나누고, 서로 다른 통찰력을 제공하며, 서로의 독특함에 대해 새롭게 감사하게 되었습니다.

서로의 성장을 응원하고 각자의 성취를 축하하면서 우정은 그 어느 때보다 돈독해졌습니다. 두 사람은 적절한 거리를 두는 것이 각자의 정체성을 유지하면서도 유대감을 강화할 수 있다는 사실을 깨달았습니다.

사라와 에밀리의 이야기는 친밀감과 거리감이 건강하게 균형을 이룰 때 관계가 번창한다는 사실을 일깨워줍니다. 개인의 경계를 존중하고 개인의 성장을 촉진함으로써 우리는 개인적 발전과 새로운 경험, 그리고 소중한 관계에 대한 더 깊은 감사를 위한 여지를 만들 수 있습니다.

따라서 이들의 이야기를 기억하고 우리 자신의 관계에서 적절한 균형을 찾기 위해 노력합시다. 친밀함의 아름다움을 포용하는 동시에 개인적인 성장을 위한 공간을 마련하세요. 그렇게 함으로써 우리는 각자의 개인적인 여정과 함께 진화하는 지속적이고 만족스러운 관계를 구축할 수 있습니다.

★☆★ 요점정리

개인의 경계를 존중하여 관계의 균형을 찾습니다. 개인의 성장과 웰빙을 지원합니다. 열린 마음으로 소통하고 서로의 관점을 이해합니다. 연결의 질은 시간의 양보다 더 중요합니다. 자기계발을 촉진하는 건강한 역동성을 조성합니다.

마음 먹은 일은
끝까지 밀고 가라

목표, 의도, 결정에 흔들리지 않는 결단력을 가지고 이를 달성하기 위해 일관된 행동을 취하는 것을 의미한다. 이는 개인의 책임감, 인내, 성장의 중요성을 강조한다.

다음은 이 개념과 관련된 몇 가지 인사이트 (insight) 는 다음과 같다.

목적의 명확성 : 어떤 목표를 세우려면 목적의 명확성이 필요하다. 여기에는 진정으로 달성하고자 하는 것이 무엇인지, 그리고 그것이 왜 중요한지 아는 것이 포함된다. 명확한 비전과 목적이 있으면 목표에 대한 헌신과 집중력을 유지하기가 더 쉬워진다.

목표 설정 : 자신의 가치와 열망에 부합하는 현실적이고 달성 가능한 목표를 설정하는 것이 중요하다. 큰 목표를 측정 가능하고 달성 가능한 작은 실행 가능한 단계로 나누어 보자. 이렇게 하면 진행 상황을 추적하고 동기 부여를 유지하며 성취감을 느낄 수 있다.

규율과 일관성 : 마음먹은 것을 실천하려면 절제와 일관성이 필요하다. 이는 목표를 지원하는 습관과 루틴을 개발하는 것을 의미한다. 행동에 대한 구조화된 틀을 만들고 일관성 있게 행동하면 앞으로 나아가고 장애물을 극복하는 데 필요한 추진력을 키울 수 있다.

도전 극복하기 : 목표를 추구하는 과정에서 도전과 좌절은 피할 수 없다. 하지만 목표를 달성하기 위해 최선을 다할 때 회복탄력성과 역경에 적응할 수 있는 능력을 키울 수 있다. 도전을 성장과 배움의 기회로 여기고 접근 방식을 개선하고 결의를 다지는 데 활용해 보자.

책임감 갖기 : 자신의 행동에 대한 주인의식을 갖는 것은 목표를 달성하는 데 필수적인 요소이다. 약속, 마감일에 대해 스스로 책임을 져야 한다. 멘토, 코치 또는 책임감 있는 파트너에게 도움을 요청하여 지침을 제공하고 의도를 지킬 수 있도록 하자.

실패로부터 배우기 : 아무리 사소해 보일지라도 그 과정에서 이룬 성취를 인정하고 축하하자. 이정표를 축하하면 동기 부여가 향상되고 헌신을 강화할 수 있다. 또한 실패를 포기할 이유가 아

닌 배움의 기회로 생각하자. 무엇이 잘못되었는지 분석하고, 교훈을 추출하고, 그에 따라 접근 방식을 조정해 보자.

성장과 개인 개발 : 마음먹은 일을 끝까지 완수하는 것은 개인의 성장과 발전을 촉진한다. 자신감, 신뢰감, 성취감을 키울 수 있습니다. 목표를 향해 꾸준히 행동하면 새로운 기술을 습득하고 지식을 넓히며 최고의 자신이 될 수 있다.

목표에 전념하고 집중력을 유지하며 일관된 행동을 취하는 것을 의미한다. 여기에는 목적의 명확성, 절제, 도전 극복, 책임감, 성취에 대한 축하가 포함된다. 이 원칙을 실천함으로써 개인의 성장과 회복탄력성을 키우고 자기계발의 여정을 성취할 수 있다.

"마음 먹은 일은 끝까지 밀고 가라"

마음이 인생의 모험을 안내하는 믿을 수 있는 나침반이라고 상상해 보자. 마음은 진정한 열정과 욕망, 행복으로 가는 길을 알고 있습니다. 이제 함께 이 기발한 탐험을 시작해 보자.

마음의 라디오 : 내 마음을 가장 깊은 욕망을 방송하는 활기찬 라디오 방송국이라고 상상해 보자. 마음을 따라가려면 라디오를 켜고 자세히 들어야 한다.

내면의 슈퍼히어로 : 자신의 마음을 따른다는 것은 자신만의 고유한 초능력과 재능을 포용한다는 의미이다. 슈퍼히어로가 자신

의 힘을 선한 일에 사용하는 것처럼, 여러분의 마음은 무엇이 여러분을 특별하게 만들고 무엇이 여러분에게 기쁨을 주는지 알고 있다. 이러한 힘을 받아들이고 선택과 행동의 지침으로 삼아보자.

꿈의 공장 : 마음은 무한한 가능성을 만들어내는 꿈의 공장이다. 마음을 따른다는 것은 대담하게 큰 꿈을 꾸고 상상력을 마음껏 발휘하는 것을 의미한다. 가장 거친 꿈도 특별한 모험으로 이어질 수 있다는 사실을 기억하자.

심장의 박자 : 자신의 심장이 리듬에 맞춰 흔들리는 댄서라고 상상해 보자. 심장을 따라간다는 것은 그 박자에 맞춰 움직이고, 자신을 진정성 있게 표현하며, 나 자신에 충실하다는 것을 의미한다. 어디를 가든 나만의 댄스파티를 여는 것과 같다.

기쁨의 나침반 : 마음을 따르는 것은 기쁨을 나침반으로 선택하는 것이다. 결정을 내리고, 관계를 추구하고, 경험을 포용할 때 기쁨을 나침반으로 삼자. 기쁨을 가져다주는 길을 따라가면 행복과 성취감으로 가득한 삶을 만들 수 있다.

우회로 받아들이기 : 때때로 마음을 따라간다는 것은 예상치 못한 우회로를 택하고 새로운 길을 탐험하는 것을 의미한다. 이러한 우회로를 장애물이 아닌 흥미진진한 모험으로 받아들이자. 종종 예상치 못한 보물과 귀중한 인생의 교훈을 얻기도 한다.

마음의 멜로디 공유 : 마음의 멜로디는 독특하며 세상과 공유할 수 있다. 마음을 따른다는 것은 자신의 진정한 자아를 표현하고 다른 사람들과 열정을 공유하는 것을 의미한다. 아름다운 멜로디처럼 여러분의 진솔한 표현은 주변 사람들의 마음을 감동시키고 영감을 줄 수 있다.

마음을 따르는 것은 유쾌하고 모험적인 여정이라는 것을 기억하자. 내면의 슈퍼히어로를 받아들이고, 대담하게 꿈꾸고, 심장 박동에 맞춰 춤을 추고, 기쁨을 선택하고, 우회로를 받아들이고, 마음의 멜로디를 공유하는 것이다.

◇◇◇

한 번 마음먹은 일은 끝까지 해내는 것의 힘을 보여주는 이야기가 있습니다.

경미라는 젊은 예술가가 있었습니다. 경미는 그림에 대한 깊은 열정을 가지고 있었고 자신의 작품을 갤러리에서 전시하는 것이 꿈이었습니다. 그녀는 이 꿈을 현실로 만들기로 결심했습니다.
경미는 스스로 명확한 목표를 세우는 것부터 시작했습니다. 자신만의 독특한 예술적 목소리를 진정으로 표현할 수 있는 매혹적인 그림 시리즈를 만들기로 결심했습니다. 그녀는 타임라인을 설정하고 매일 특정 시간을 할애하여 작품에 몰두했습니다.
경미는 그림을 그리면서 여러 가지 어려움에 직면했습니다. 어떤 날은 영감이 떠오르지 않거나 자신의 능력을 의심하기도 했습니다. 하지만 그녀는 자신의 꿈을 이루겠다는 다짐을 되새겼습니다. 다른 예술가들로부터 영감을 얻고 새로운 기법을 연습하며 인내심을 가지고 어려움을 극복해 나갔습니다.

경미는 신뢰할 수 있는 친구와 진행 상황을 공유하고 격려와 건설적인 피드백을 제공함으로써 스스로 책임을 다했습니다. 이를 통해 그녀는 궤도를 벗어나지 않고 계속 앞으로 나아갈 수 있는 동기를 얻었습니다.

시간이 지나면서 경미는 그림 시리즈를 완성했습니다. 그녀는 갤러리에 연락하여 작품을 제출하고 자신의 재능과 헌신을 보여줄 포트폴리오를 준비했습니다. 경미는 그 과정에서 거절을 당하기도 했지만 좌절하지 않았습니다.

마침내 경미는 간절히 기다리던 소식을 듣게 되었는데, 한 미술관에서 그녀의 작품을 전시하고 싶다는 의향을 보였습니다. 경미의 헌신과 끈기를 확인할 수 있는 승리의 순간이었습니다. 자신의 작품을 다른 사람들이 감상할 수 있도록 전시하고 싶다는 경미의 꿈이 현실이 된 것입니다.

경미의 이야기는 우리가 마음먹은 것을 끝까지 밀고 나가면 놀라운 성취를 이룰 수 있다는 교훈을 줍니다. 그러기 위해서는 명확한 목표를 설정하고, 결단력을 유지하고, 도전을 극복하고, 스스로에게 책임을 져야 합니다. 경미는 자신의 꿈에 대한 확고한 의지를 바탕으로 열정을 현실로 만들 수 있었습니다.

경미의 이야기를 통해 여러분도 자신의 열망을 이루기 위한 영감을 얻으세요. 창의적인 일을 추구하든, 개인적인 목표를 이루든, 직업적 야망을 이루든, 헌신과 일관된 행동의 힘을 기억하세요. 여정을 받아들이고 헌신적인 자세를 유지하면 꿈을 의미 있는 성취로 바꿀 수 있습니다.

★☆★ 요점정리

결단력을 가지고 목표에 전념한다는 의미입니다. 명확하고 달성 가능한 목표를 설정하고, 규율을 지키며 일관성 있게 행동하세요. 도전을 극복하고 스스로 책임을 집니다. 성취를 축하하고 실패로부터 배우세요. 이 과정을 통해 개인의 성장과 발전을 수용하세요.

일을 함에 있어 모든
변수에 대해 대비해야 한다

업무 수행 과정에서 발생할 수 있는 다양한 가능성, 도전, 불확실성을 예상하고 이에 대비하는 것을 의미한다.

이 개념은 다음과 같은 방식으로 접근할 수 있다.

적응적 사고 : 적응력과 유연성을 포용하는 사고방식을 개발한다. 상황과 변수가 변할 수 있음을 인식하고 그에 따라 계획과 전략을 기꺼이 조정하자. 이러한 사고방식은 회복탄력성을 가지고 문제에 접근하고 창의적인 해결책을 찾을 수 있게 해준다.

지속적인 학습 : 호기심을 유지하고 지속적인 학습과 개발에 전념하자. 새로운 지식, 기술, 관점을 습득함으로써 다양한 변수에

대처할 수 있는 역량을 확장할 수 있다. 공식 교육, 교육 프로그램, 자기 주도적 학습 등 전문성 개발을 위한 기회를 적극적으로 찾는다.

시나리오 계획 : 시나리오 계획 연습을 통해 업무에서 발생할 수 있는 다양한 잠재적 결과와 변수를 예측해 보자. 여기에는 다양한 가능성을 구상하고 각 시나리오를 해결하기 위한 전략을 개발하는 것이 포함된다. 여러 가지 우발 상황을 고려함으로써 대비 및 의사 결정 능력을 향상시킬 수 있다.

위험 관리 : 업무의 잠재적 위험과 불확실성을 파악하고 평가한다. 이러한 위험을 완화하기 위한 전략을 개발하고 비상 계획을 수립하자. 잠재적 변수에 선제적으로 대응함으로써 문제를 해결하고 생산성을 유지하는 능력을 향상시킬 수 있다.

정서적 회복력 : 예상치 못한 변수와 좌절을 효과적으로 처리할 수 있는 정서적 회복탄력성을 키우자. 마음챙김, 스트레스 관리, 자기 관리와 같은 습관을 개발하여 정서적 웰빙을 지원하자. 이러한 회복탄력성은 어려운 상황에서도 집중력, 적응력, 생산성을 유지할 수 있게 해준다.

문제 해결 능력 : 비판적 사고를 연습하고, 복잡한 상황을 분석하고, 혁신적인 솔루션을 도출하여 문제 해결 능력을 강화하자. 전략적으로 사고하고 업무에 영향을 미칠 수 있는 다양한 변수를 평가하는 능력을 향상하세요. 피드백을 구하고 과거의 경험에서 배워 문제 해결 방식을 개선해 보자.

협업 및 네트워킹 : 다양한 관점과 인사이트를 제공할 수 있는 동료, 멘토, 업계 전문가로 구성된 강력한 네트워크를 구축하자. 다른 사람들과 협업하여 전문 지식을 활용하고 복잡한 변수를 공동으로 해결하자. 의미 있는 협업에 참여하면 지식과 문제 해결 능력이 확장된다.

자기 성찰 : 업무 경험과 결과를 정기적으로 되돌아본다. 다양한 변수를 어떻게 처리했는지, 잘된 점은 무엇인지, 개선할 점은 무엇인지 평가해 보자. 이러한 자기 성찰을 통해 전략을 다듬고 접근 방식을 조정하며 다양한 업무 변수를 처리하는 능력을 지속적으로 키울 수 있다.

업무의 모든 변수에 대비함으로써 불확실성을 탐색하고 변화에 적응하며 정보에 입각한 의사 결정을 내릴 수 있는 능력을 향상시킬 수 있다. 이러한 사전 예방적 접근 방식은 개인적, 직업적 성장을 촉진하여 역동적이고 도전적인 환경에서도 성공할 수 있도록 지원한다.

"일을 함에 있어 모든 변수에 대해 대비해야 한다"

오늘은 업무의 모든 변수에 대비하는 스릴 넘치는 세계를 탐험하는 흥미진진한 모험을 떠나보려고 한다. 업무는 롤러코스터처럼 예상치 못한 루프, 비틀림, 회전으로 가득할 수 있다. 그러니 안전벨트를 매고 자신감과 미소를 지으며 불확실성의 파도를 타는 방법을 배울 준비를 해보자.

롤러코스터를 탄다고 상상해 보자. 짜릿하고 놀라움으로 가득할 것이라는 것을 알고 있다. 바로 그런 식으로 업무에 접근하여야 한다. 변화에 개방적이고, 도전할 준비가 되어 있으며, 미지의 세계에 도전할 수 있다는 설렘으로 롤러코스터 사고방식을 받아들여 보자.

롤러코스터를 타는 사람이라면 누구나 적절한 도구가 필요하듯, 업무도 마찬가지이다. 귀중한 기술과 지식, 지속적인 학습에 대한 갈증으로 툴킷을 채워보자. 문제 해결 능력, 적응력, 창의력, 새로운 아이디어를 탐구하려는 의지가 담긴 든든한 슈퍼히어로 유틸리티 벨트라고 생각하자.

롤러코스터의 상쾌한 루프처럼 업무는 끊임없는 배움의 여정이다. 새로운 경험을 추구하고, 안전지대를 벗어나고, 실수를 성장의 기회로 받아들임으로써 배움의 반복을 받아들이자. 가장 흥미진진한 부분은 종종 루프 다음에 온다는 사실을 기억하자.

롤러코스터는 예상치 못한 돌발 상황이 발생하는 것으로 악명이 높으며, 업무도 마찬가지로 예측할 수 없는 상황이 발생할 수 있다. 하지만 두려워하지 말자. 시나리오 기획 연습을 통해 '업무에 대한 예민한 감각'을 키워보자. 다양한 가능성을 상상하고 이에 대처할 전략을 준비하고, 예상치 못한 어려움에 직면했을 때 침착하고 평정심을 유지하는 데 도움이 되는 비밀 슈퍼히어로의 힘을 갖게 되는 것과 같다.

때로는 가장 험난한 우여곡절을 극복하는 가장 좋은 방법은 웃음이다. 불확실성 속에서도 기쁨과 유머를 찾는 것을 잊지 말자. 긍정적인 사고방식을 받아들이고, 회복탄력성을 기르며, 예상치 못한 상황의 재미있는 면을 보는 법을 배워보자. 웃음은 그 어떤 롤러코스터도 이겨낼 수 있는 최고의 명약이다.

스릴 넘치는 모험의 끝자락에 다다랐을 때, 업무의 모든 변수에 대비하는 것은 마치 롤러코스터를 전문적으로 타는 것과 같다는 점을 기억하자. 예상치 못한 상황을 받아들이고, 필수 기술을 갖추고, 동맹을 찾고, 긍정적인 시각을 유지하자. 이렇게 하면 직장 생활의 우여곡절을 극복할 수 있을 뿐만 아니라 짜릿한 승차감을 마음껏 즐길 수 있다.

워크빌이라는 도시에 알렉스라는 젊은 전문가가 살았습니다. 알렉스는 자신의 일에 열정을 가지고 항상 뛰어난 성과를 내기 위해 노력했습니다. 어느 날 알렉스는 중요한 고객에게 프로젝트를 발표할 기회를 얻었습니다. 설레면서도 긴장한 알렉스는 프레젠테이션 준비에 돌입했습니다. 모든 세부 사항을 조사하고, 리허설을 하고, 다시 한 번 확인했습니다. 회의 중에 발생할 수 있는 모든 시나리오와 변수를 고려한 것 같았습니다.
프레젠테이션 당일, 알렉스는 자신감과 준비된 마음으로 고객사의 사무실에 들어섰습니다. 하지만 발표를 시작하자마자 정전이 발생하여 회의실이 순식간에 암흑으로 변했습니다. 알렉스는 이런 돌발 상황을 예상하지 못해 당황했습니다.

하지만 알렉스는 당황하는 대신 모든 변수에 대비해야 한다는 마음가짐을 기억해 냈습니다. 그들은 침착하게 상황을 해결하고 인쇄물과 창문을 통해 들어오는 자연광을 사용하여 프레젠테이션을 계속할 수 있는 대안을 제시하며 재빨리 적응했습니다. 고객들은 알렉스의 재빠른 판단력과 예상치 못한 상황에 우아하게 대처하는 능력에 깊은 인상을 받았습니다.

이 경험을 통해 알렉스는 업무의 모든 변수에 대비하는 것이 중요하다는 귀중한 교훈을 얻었습니다. 예상되는 일을 예측하고 계획하는 것뿐만 아니라 예상치 못한 우여곡절에 대처할 수 있는 유연성과 회복탄력성을 기르는 것이 중요하다는 것이죠.

그날 이후부터 알렉스는 롤러코스터 같은 커리어를 계속 받아들였고, 반복되는 일이나 예기치 않은 하락에 대처할 준비가 되어 있었습니다. 그들은 준비된 자세란 완벽한 계획을 세우는 것만이 아니라 올바른 사고방식, 올바른 기술, 어떤 변수에 직면하더라도 적응하고 배우고 창의적인 해결책을 찾을 수 있는 능력을 갖추는 것임을 이해했습니다.

알렉스의 커리어가 새로운 경지로 치솟는 동안 두 사람은 인생은 롤러코스터처럼 놀라움으로 가득 차 있지만, 적절한 준비와 회복탄력성이 있다면 어떤 우여곡절도 극복할 수 있다는 사실을 항상 잊지 않았습니다.

★☆★ 요점정리

업무의 모든 변수에 대비하려면 적응력을 키우고 지속적으로 학습하는 마음가짐을 가져야 합니다. 시나리오 계획에 참여하고, 위험을 관리하고, 문제 해결 기술을 개발해야 합니다. 정서적 회복력, 협업, 자기 성찰도 중요합니다. 이러한 관행을 수용하면 불확실성을 탐색하고, 문제를 처리하고, 정보에 입각한 결정을 내릴 수 있는 능력이 향상됩니다. 이러한 사전 예방적 접근 방식은 개인적, 직업적 성장을 촉진하여 역동적인 업무 환경에서 성공할 수 있도록 지원합니다.

나를 힘들게 하는
동료는 멀리 하라

개인의 성장과 발전을 위해 자신의 웰빙을 우선시하고 긍정적인 업무 환경을 조성하는 것이 중요하다는 의미이다.

이 개념이 자기계발과 어떻게 연관되는지 알아보자.

정서적 웰빙 : 정서적 웰빙은 전반적인 개인 성장에 중요한 역할을 한다. 직장에서 자신의 편안함과 정신 건강을 인식하고 우선순위를 정하는 것이 중요하다. 특정 동료가 지속적으로 불편함을 느끼게 하는 경우, 정서적 웰빙을 보호하기 위해 부정적인 영향으로부터 거리를 두는 것이 필요할 수 있다.

경계 설정 : 건강한 경계를 설정하는 것은 자기계발에 필수적이

다. 어떤 행동이 자신을 불편하게 만드는지 인식하고 단호하지만 정중하게 경계를 명확히 전달하자. 명확한 경계를 설정함으로써 개인 공간을 보호하고 자신을 위한 건강한 업무 환경을 조성할 수 있다.

자기 성찰: 특정 동료가 나를 불편하게 만드는 이유를 생각해 보자. 그들의 행동, 가치관 또는 커뮤니케이션 스타일 때문인가요? 근본적인 이유를 이해하면 자신의 유발 요인과 개인적 성장의 영역에 대한 통찰력을 얻을 수 있다. 이러한 성찰을 자기 인식을 발전시키고 자신의 반응과 대응을 개선할 수 있는 기회로 활용하자.

지원 구하기: 지속적으로 불편함을 느끼게 하는 동료를 만나면 신뢰할 수 있는 동료, 멘토 또는 인사팀에 도움을 요청하는 것이 도움이 될 수 있다. 신뢰할 수 있는 사람과 상황을 논의하면 어려운 상호작용을 헤쳐나가는 방법에 대한 지침과 관점을 얻을 수 있다. 도움을 요청하는 것은 약점이 아니라 강함의 신호라는 점을 기억하자.

긍정적인 관계 형성: 자신을 지지하고 격려하는 동료들과 함께 하는 것은 개인의 성장에 매우 중요하다. 영감을 주고 동기를 부여하며 격려해 주는 동료와 긍정적인 관계를 맺자. 이러한 관계는 보다 건강하고 유익한 업무 환경을 조성하는 데 기여할 수 있다.

전문성 개발: 자신의 전문성 성장과 개발에 집중하자. 기술, 지

식, 전문성을 향상시키는 데 시간과 에너지를 투자하고, 자기계발에 집중함으로써 자신감을 키우고 역량을 확장하며 어려운 동료 관계에 대처할 수 있는 회복력을 키울 수 있다.

감성 지능 개발 : 자신의 감정을 이해 및 관리하고 다른 사람의 감정을 공감하는 능력을 향상시켜 감성 지능을 개발하자. 이를 통해 불편한 동료와의 상황을 보다 효과적으로 헤쳐나갈 수 있다. 적극적으로 경청하는 연습을 하고, 다양한 관점을 이해하려고 노력하며, 갈등이나 오해를 해결할 수 있는 건설적인 방법을 찾아보자.

자기계발을 위해서는 자신의 웰빙을 우선시하고 긍정적인 업무 환경을 조성하는 것이 필수적이라는 점을 기억하자. 지속적으로 불편함을 느끼게 하는 동료와 거리를 두면 개인적 성장을 위한 공간을 마련하고 긍정적인 관계를 조성하며 더 건강하고 서로를 지지하는 직장을 만들 수 있다.

"나를 힘들게 하는 동료는 멀리 하라"

오늘은 여러분을 힘들게 하는 동료와 거리를 두는 것이 왜 중요한지에 대해 이야기해 보려고 한다. 직장을 위한 나만의 어벤져스 팀을 만든다고 생각해 보자. 직장 생활에서 성공하는 데 도움이 될 재미있고 이해하기 쉬운 인사이트 (insight) 를 얻을 수 있도록 준비하자.

긍정의 힘 : 업무 환경이 모두가 생산성과 행복의 리듬에 맞춰 춤을 추는 활기찬 파티라고 상상해 보자. 자신을 힘들게 하는 동료와 멀리 떨어진다는 것은 부정적인 말이나 지속적으로 업무 진행을 방해하는 사람을 피하는 것을 의미한다. 긍정적인 분위기로 자신을 둘러싸면 개인적인 성장을 촉진하고 업무적 목표를 지원하는 환경이 조성된다.

독성 경고 : 에너지 뱀파이어가 사무실 곳곳에 숨어 다니며 동기와 열정을 빼앗아간다고 상상해 보자. 이들은 끊임없이 불평하거나 부정적인 말을 퍼뜨리거나 불필요한 갈등을 일으키는 동료들이다. 마치 해리 포터에 나오는 치매 환자가 직장 생활에서 행복을 빨아들이는 것과 같다. 그런 사람으로부터 멀리 떨어져 있으면 긍정적인 에너지를 보호하고 진정으로 중요한 일에 집중할 수 있다.

드림팀 구축하기 : 꿈의 업무 팀을 구성하려면 서로에게 힘이 되고 영감을 주는 적절한 동료를 찾아야 한다. 열정과 직업윤리를 공유할 수 있는 동료를 찾아보자. 자신의 잠재력을 최대한 끌어낼 수 있는 같은 생각을 가진 사람들과 함께하는 것은 여러분의 직업적 성장과 성공을 지원하는 슈퍼히어로로 팀이 있는 것과 같다.

생산성 향상 : 어벤져스가 힘을 합쳐 세상을 구하는 것처럼, 여러분의 노력을 지지하고 협력하는 동료가 있다는 것은 매우 중요하다. 이러한 팀원들은 여러분을 응원하고 아이디어를 공유하며

일을 재미있고 매력적인 모험처럼 느끼게 해준다. 일을 어렵게 만드는 사람들과 멀리 떨어져 있으면 생산성을 높이고 최고의 아이디어를 이끌어내는 협력적 파트너십을 위한 공간을 확보할 수 있다.

개인적 성장 : 자신을 힘들게 하는 동료와 멀리 떨어져 있으면 개인적 성장을 위한 공간이 생긴다. 부정적인 영향을 제거하면 기술을 연마하고 지식을 넓히며 새로운 기회를 수용하는 데 집중할 수 있다. 마치 자신만의 초능력을 잠금 해제하고 잠재력을 최대한 발휘하는 것과 같다.

동료 찾기 : 자신을 격려하고 지지해 주는 동료들과 의미 있는 관계를 구축하는 것은 직장 절친을 찾는 것과 같다. 이들은 여러분의 성공을 축하하고, 귀중한 피드백을 제공하며, 필요할 때 도움의 손길을 내미는 동료들이다. 강력한 지원 시스템이 있으면 자신감이 높아지고 업무 여정이 더욱 즐겁고 보람차게 느껴진다.

여러분이 꿈꾸는 업무 팀을 만들기 위한 미션을 마무리하면서, 여러분을 힘들게 하는 동료와 멀리하는 것은 여러분의 웰빙과 행복, 그리고 직업적 성장에 우선순위를 두는 것임을 잊지 말자. 긍정적인 분위기로 주변을 둘러싸고, 협력할 수 있는 동료를 찾고, 영감을 주고 힘을 북돋아주는 나만의 슈퍼히어로로 팀을 구성해 보자. 꿈의 팀과 함께라면 새로운 높이로 날아오르고 매일 스릴 넘치는 모험처럼 느껴지는 직장 생활을 만들 수 있을 것이다.

◇◇◇

영호라는 야심찬 젊은 전문가가 있었습니다. 영호는 자신의 일에 대한 열정이 있었고 항상 긍정적이고 협력적인 환경을 조성하기 위해 노력했습니다.

하지만 동료 중 한 명인 성수는 영호의 성장을 어렵게 만들었습니다. 성수는 끊임없는 불평과 부정적인 태도, 변화에 대한 저항으로 유명했습니다. 그의 비관주의는 전염성이 있어 보였고 사무실에 부정적인 기운이 감돌았습니다.

처음에 영호는 긍정적인 태도를 유지하며 성수의 행동을 무시하려고 최선을 다했습니다. 하지만 시간이 지나면서 성수의 부정적인 영향은 영호의 동기 부여와 전반적인 웰빙에 영향을 미치기 시작했습니다. 영호는 자신의 긍정적인 에너지와 직업적 성장을 보호하기 위해 조치를 취해야 한다는 것을 깨달았습니다.

그래서 영호는 성수와 거리를 두고 다른 동료들과 긍정적인 관계를 구축하는 데 집중하기로 결정했습니다. 그는 업무에 대한 열정과 헌신을 공유할 수 있는 같은 생각을 가진 사람들을 찾았습니다. 그들은 함께 서로를 지지하고 영감을 주는 긴밀한 그룹을 형성했습니다.

성수의 부정적인 영향을 받는 시간이 줄어들자 영호는 새로운 동기 부여와 창의성을 느꼈습니다. 생산성이 치솟고 자신의 능력에 대한 자신감도 높아졌습니다. 서로를 지지하는 동료들과 함께 조성한 긍정적인 환경은 그의 직업적 성장을 새로운 차원으로 끌어올렸습니다.

한편 성수는 영호의 변화와 그를 둘러싼 긍정적인 분위기에 주목했습니다. 호기심이 발동한 성수는 자신의 직장 경험이 왜 그렇게 다른지 궁금해지기 시작했습니다. 영호의 성공과 긍정적인 태도는 성수에게 영감의 원천이 되었습니다.

어느 날 성수는 자신의 생각을 바꾸고 보다 긍정적인 업무 환경에 기여하고 싶다는 바람을 표현하며 영호에게 다가갔습니다. 이를 성장과 협력의 기회로 여긴 영호는 성수의 변화 의지를 환영했습니다.

영호와 성수는 함께 자기계발과 팀워크의 여정을 시작했습니다. 그들은 효과적으로 소통하고, 감정을 관리하고, 긍정적인 사고방식을 받아들이는 방법을 배웠습니다. 그 결과 사무실이 변화하는 것을 목격했습니다. 한때 부정적이었던 분위기는 동기 부여가 넘치는 개인들로 구성된 활발한 커뮤니티로 바뀌었고, 서로를 지원하며 놀라운 성과를 달성했습니다.

영호와 성수의 이야기는 때때로 우리를 힘들게 하는 동료와 거리를 두는 것이 개인적, 직업적 성장을 위해 필요하다는 사실을 일깨워줍니다. 긍정적인 영향을 주는 사람들로 주변을 둘러싸면 협업과 생산성, 전반적인 웰빙을 촉진하는 환경을 조성할 수 있습니다. 그리고 영호와 성수처럼 우리도 다른 사람들에게 영감을 주어 보다 긍정적인 업무 문화에 기여할 수 있을지도 모릅니다.

★☆★ 요점정리

웰빙을 우선시하고 긍정적인 업무 환경을 조성하는 것은 자기계발에 매우 중요합니다. 여기에는 불편함을 느끼게 하는 동료와의 경계를 인식하고 설정하는 것이 포함됩니다. 자기 성찰에 참여하여 성장의 원인과 영역을 파악합니다. 신뢰할 수 있는 동료나 멘토의 도움을 구하고, 긍정적인 동료와 긍정적인 관계를 형성하세요. 감성 지능을 키우면서 개인 및 전문성 개발에 집중하세요. 자신의 웰빙을 우선시하고 긍정적인 환경을 조성함으로써 개인의 성장과 더 건강한 직장을 위한 공간을 만들 수 있습니다.

말과 행동에 일관성이
있어야 한다

이는 말과 행동을 일치시키고 자신의 행동이 자신이 지지하는 가치와 원칙을 반영하도록 하는 것을 의미한다. 일관성은 의도와 행동 사이의 가교 역할을 하며, 신뢰와 신용, 개인적 진실성을 구축할 수 있게 해준다.

진실성과 진정성 : 일관성은 진실성의 표현이다. 말과 행동이 조화를 이룰 때 진정성과 정직성을 보여줄 수 있다. 이러한 일관성은 자기 신뢰와 자신의 정체성에 대한 일관성을 실어주기 때문에 자기 계발을 위한 탄탄한 토대를 만들어 준다. 또한 다른 사람들이 여러분을 신뢰하고 의지할 수 있게 하여 더 깊고 의미 있는 관계를 형성할 수 있게 한다.

신뢰 구축 : 일관성은 자신과 다른 사람과의 관계 모두에서 신뢰를 구축한다. 약속을 일관되게 지킬 때, 신뢰할 수 있고 믿을 수 있는 사람이라는 평판을 쌓을 수 있다. 이러한 신뢰는 건강한 관계와 협업의 기반이 되어 개인적, 직업적으로 더 큰 성장을 이룰 수 있게 해준다.

가치관 강화 : 말과 행동의 일관성은 핵심 가치와 신념을 강화한다. 이는 원칙에 따라 살아가고자 하는 의지가 있으며 자신의 선택에 대해 책임을 진다는 것을 의미한다. 이러한 관행은 목적의식과 방향성을 제공하여 원하는 결과를 향한 행동을 유도하고 자신에게 충실할 수 있도록 도와준다.

삶에서 일관성을 구현하기

- **가치관 성찰** : 자신의 핵심 가치를 파악하고 그것이 자신에게 어떤 의미인지 명확히 한다. 이러한 가치관이 행동과 의사 결정 과정에 어떤 영향을 미치는지 이해해보자.
- **행동을 일치시키세요** : 자신의 행동이 가치와 원칙에 부합하는지 정기적으로 평가하자. 도전이나 유혹에 직면했을 때에도 자신의 신념과 일치하는 선택을 하도록 노력해보자.
- **자기 책임을 실천하세요** : 자신의 말과 행동에 대해 스스로 책임을 지는 자세가 필요하다. 자신과 타인에게 미치는 영향을 인식하고, 일관성이 없는 행동에 대해 책임을 지고 필요한 조

정을 통해 자신의 의도에 맞게 행동을 재조정하자.

- **실수로부터 배우세요** : 일관성을 유지하는 것은 여정이며, 그 과정에서 실수하는 것은 자연스러운 일임을 인식하자. 실수를 하거나 원하는 일관성에서 벗어났을 때는 그 행동의 원인을 되돌아보고, 그로부터 배우고, 성장과 개선의 기회로 활용하자.

말과 행동에 일관성을 구현함으로써 개인의 청렴성을 키우고 신뢰를 쌓으며 가치관을 강화할 수 있다. 이는 자기 개발을 위한 강력한 기반을 조성하여 진정성, 목적, 의미 있는 관계로 삶을 탐색할 수 있게 해준다.

"말과 행동에 일관성이 있어야 한다"

복실이라는 애완견이 있다고 가정해 보자. 복실이는 간식을 좋아해서 높은 선반에 간식이 담긴 특별한 병을 가지고 있다. 어느 날 주인은 복실이에게 '가만히 앉아 있으면 간식을 줄게'라고 말했고, 복실이는 맛있는 보상을 기대하며 꼬리를 흔들며 앉아 있었다.

하지만 문제는 주인이 복실이에게 간식을 주는 대신 약속을 잊어버리고 그냥 자리를 떠나버렸다는 것이다. 복실이는 혼란스럽고 실망한 표정을 지었다. 다음날 같은 약속을 하지만 이번에도 약속을 지키지 않았다. 복실이는 말과 행동이 일치하지 않은 당신을 보며 당신의 말에 대한 신뢰를 잃기 시작하였다.

말과 행동에 일관성을 유지하는 것은 복실이에게 신뢰할 수 있는 친구가 되는 것과 같다. 복실이에게 앉아 있으면 간식을 주겠다고 말했다면, 약속을 지키는 것이 중요하다. 복실이가 잘 행동할 때 지속적으로 간식을 주면 복실이는 당신을 신뢰하는 법을 배운다. 복실이는 주인의 진심을 알기 때문에 앞으로 주인의 말을 더 잘 들을 가능성이 높아진다.

마찬가지로 말과 행동이 일관성이 있다는 것은 약속을 지키고 하겠다고 말한 것을 실천한다는 것을 의미한다. 말과 행동을 일치시키는 것이다. 자신이 하겠다고 말한 것을 일관되게 실천할 때 주변 사람들은 자신을 믿고 의지할 수 있다.

따라서 약속을 지키고, 정직하고, 다른 사람을 친절하게 대하는 등 일관성은 복실이가 언제나 믿고 의지할 수 있는 사람이 되는 것과 같다. 신뢰를 쌓고 약속을 지키는 사람이 되는 것이다. 일관성을 유지하면 더 강력한 관계를 형성하고 존경을 받으며 다른 사람들이 의지할 수 있는 사람이 될 수 있다.

미주는 가수의 꿈을 이루기 위해 열심히 노력하였습니다. 그녀는 음악에 대한 깊은 열정을 가지고 있었고 수많은 시간을 들여 보컬을 연습하고 노래를 작곡하고 가사를 썼습니다.
미주는 자신의 여정에서 일관성이 중요하다는 것을 잘 알고 있었습니다.

그녀는 자신의 꿈에 대해 이야기하는 것만으로는 충분하지 않으며, 자신의 열망을 현실로 바꾸기 위해 일관된 행동을 취해야 한다는 것을 알고 있었습니다. 매일 악기 연습, 음악 이론 공부, 다른 뮤지션과의 협업에 전념했습니다.

하지만 미주는 그 과정에서 어려움에 직면했습니다. 자신의 노력이 그만한 가치가 있는지 의심이 들기도 했습니다. 특히 힘들었던 시기에 미주는 다른 가수의 공연장에서 공연할 기회를 얻었습니다. 설렘으로 가득 찼지만 그녀는 자신의 레퍼토리가 생각보다 탄탄하지 않다는 것을 깨달았습니다.

미주는 자기 의심에 굴복하거나 기회를 놓치는 대신 잠시 성찰의 시간을 가졌습니다. 그녀는 말과 행동의 일관성이 얼마나 중요한지 스스로에게 상기시켰습니다. 새로운 각오로 그녀는 자신의 안전지대를 넘어서는 훈련 루틴을 시작하며 스스로를 다그쳤습니다.

미주는 늦은 밤과 이른 아침까지 구성을 다듬고 노래를 완성하는 데 시간을 보냈습니다. 그녀는 테크닉뿐만 아니라 음악을 통해 진정한 감동을 전달하는 데에도 집중했습니다. 그녀는 관중에게 지속적인 영향을 미치려면 자신의 행동이 자신의 열망과 일치해야 한다는 것을 이해했습니다.

드디어 공연 날이 다가왔습니다. 미주는 무대에 오르자 긴장감과 설렘이 뒤섞인 감정을 느꼈습니다. 하지만 그녀는 자신의 꾸준한 노력을 신뢰하고 음악의 힘을 믿었습니다.

미주가 노래를 시작하자 관객들은 그녀의 진정성과 열정에 매료되어 조용해졌습니다. 모든 멜로디와 가사에 진심을 쏟아 부은 미주의 일관된 말과 행동이 빛을 발했습니다. 관중들은 미주가 보여준 헌신과 헌신을 인정하며 박수를 보냈습니다.

미주의 이야기는 일관성이 주는 변화의 힘을 일깨워 줍니다. 그녀는 자신의 열망에 맞춰 행동하고 열정에 충실함으로써 개인적인 성장을 이뤘을 뿐만 아니라 음악을 듣는 사람들의 마음도 움직였습니다.

목표를 일관되게 추구하고, 가치에 헌신하며, 성실함을 구현함으로써 우리에게는 우리만의 영향력 있는 스토리를 만들 수 있는 잠재력이 있습니다.

★☆★ 요점정리

여기에는 자신의 가치와 원칙에 맞게 행동하는 것이 포함됩니다. 일관성은 정직성, 진정성, 신뢰를 증진합니다. 자신의 가치관을 성찰하고, 행동을 일치시키고, 자기 책임을 실천하고, 실수로부터 배움으로써 개인의 청렴성을 키우고 의미 있는 관계를 구축할 수 있습니다. 일관성은 자기 계발의 토대가 되어 진정성과 목적을 가지고 살아갈 수 있게 해줍니다.

재능보다 중요한 것은 노력이다

자기 계발에 있어 노력, 인내, 헌신의 중요성을 강조하는 말이다. 이 말은 일관되고 결단력 있는 행동이 타고난 능력이나 타고난 재능을 능가할 수 있다는 것을 이야기한다.

성장 마인드 : 재능보다 노력이 더 중요하다는 생각을 받아들이면 성장 마인드가 촉진된다. 이는 노력과 연습을 통해 자신의 능력과 기술을 개발할 수 있다고 믿도록 장려한다. 타고난 재능에만 의존하는 대신 지속적인 개선과 학습 및 적응 의지에 집중한다. 이러한 사고방식을 통해 잠재력을 확장하고 더 높은 수준의 개인적 성장을 이룰 수 있다.

회복탄력성과 인내 : 열심히 일하려면 도전과 좌절에 직면했을

때 회복력과 인내심이 필요하다. 이는 장애물이 발생하더라도 목표에 전념하고 필요한 노력을 지속적으로 기울이는 것이다. 노력을 중시하는 마음가짐을 키우면 어려움을 극복하고 실패에서 다시 일어설 수 있는 회복탄력성을 길러 궁극적으로 인성을 강화하고 회복탄력성을 키울 수 있다.

숙달과 기술 개발 : 어떤 분야나 노력에서든 숙달을 위해서는 노력이 필수적이다. 재능만으로도 앞서 나갈 수 있지만, 꾸준한 노력과 연습을 통해 기술을 연마하고 지식을 심화하며 탁월함을 달성할 수 있다. 신중한 연습에 시간과 에너지를 투자하면 초기의 재능 수준을 뛰어넘어 도달할 수 없을 것 같았던 숙련도와 전문성 수준에 도달할 수 있다.

끈기와 장기적인 성공 : 노력은 장기적인 성공의 열쇠인 경우가 많다. 재능은 일시적인 이점을 제공할 수 있지만 지속적인 노력과 헌신이 없으면 사라질 수 있다. 노력은 자신을 지속적으로 발전시키고, 변화하는 환경에 적응하며, 목표를 지속적으로 추구할 수 있게 해준다. 이를 통해 절제력과 집중력, 자신의 안전지대를 뛰어넘는 능력을 개발하여 지속적인 성장과 성취를 이룰 수 있다.

인생에서 재능보다 노력이 더 중요하다는 생각을 받아들이자.

• **명확한 목표 설정하기** : 목표와 개발 및 개선하고자 하는 영역

을 정의하자. 이러한 명확성은 노력의 방향과 목적에 대한 감각을 제공한다.

- **도전 수용하기** : 도전을 성장의 기회로 받아들인다. 장애물을 극복하고 새로운 수준의 성취에 도달하기 위해서는 노력과 인내가 중요하다는 점을 인식하자.
- **절제력과 일관성 기르기** : 업무 습관에 규율과 일관성을 길러 보자. 개인의 성장과 기술 개발에 지속적으로 시간과 노력을 투자할 수 있는 루틴과 관행을 확립하자.
- **좌절에서 배우기** : 좌절과 실패를 자신의 재능이나 가치를 나타내는 지표가 아닌 학습 경험으로 간주한다. 실패를 접근 방식을 조정하고 개선할 수 있는 기회로 여기는 성장 마인드를 수용해 보자.

재능보다 노력이 더 중요하다는 믿음을 이해하고 구현함으로써 지속적인 성장을 수용하고, 도전을 극복하며, 결연한 노력을 통해 성공을 달성할 수 있는 힘을 키울 수 있다.

"재능보다 중요한 것은 노력이다"

특별한 능력을 가진 사람들이 자신의 실력을 뽐내는 마술 장기 자랑에 왔다고 상상해 보자. 무대가 준비되고 조명이 환하게 켜지고 관객은 흥분으로 들썩이고 있다. 쇼가 시작되자 맥스라는 재능 있는 마술사가 나와 놀라운 마술을 손쉽게 선보이며 관객들을 경탄하게 만들었다.

하지만 그 다음에 마크라는 평범한 사람이 무대로 올라왔다. 그는 특별한 능력이나 타고난 재능은 없지만 노력하면 타고난 능력을 능가할 수 있다는 것을 증명해 보이겠다고 결심하였다. 마크는 결연한 미소를 지으며 다채로운 퍼즐과 도전 과제로 가득 찬 상자를 공개한다.

마크가 퍼즐을 하나씩 풀기 시작하자 관객들은 놀라움을 감추지 못하였다. 마크가 마술처럼 답을 알고 있거나 퍼즐에 특별한 재능이 있는 것은 아니었기 때문이다. 마크가 퍼즐을 하나하나 풀어 나갈 수 있는 것은 인내심과 집중력, 끊임없는 연습 덕분이었다. 마크는 어려운 퍼즐에 직면했을 때에도 결코 포기하지 않고, 각 문제를 이해하기 위해 노력하고, 다양한 접근 방식을 시도하고, 실수로부터 배우려고 노력하였다.

맥스의 재능이 모두를 감동시켰을지 모르지만, 관객을 진정으로 사로잡은 것은 마크의 노력과 헌신이었다. 관객들은 타고난 재능이나 화려한 기술만이 중요한 것이 아니라는 것을 깨닫게 되었다. 그것은 자신의 능력을 연마하고 목표를 달성하기 위해 쏟는 결단력과 노력에 관한 것이다.

살면서 우리는 다양한 도전과 기회에 직면하게 된다. 때때로 우리는 타고난 재능이 부족하다고 느끼거나 다른 사람들이 우위에 있다고 생각할 수도 있다. 하지만 마크의 이야기는 노력이야말로 성공의 비결이라는 사실을 일깨워준다. 노력은 우리를 앞으로 나아 가게 하고, 장애물을 극복하게 하며, 스스로의 기대치를 뛰어넘을 수 있게 하는 원동력이다.

노력은 누구나 가질 수 있는 초능력이라고 생각하자. 기술을 쌓 고, 목표를 달성하고, 최고의 자신이 되기 위해 사용할 수 있는 특 별한 도구가 있는 것과 같다. 시간과 노력을 투자하고, 힘든 일이 닥 쳤을 때 끈기 있게 버티며, 자신의 발전 가능성을 믿는 것이 바로 노 력의 힘이다.

◇◇◇

노력이 더 중요하다는 생각을 잘 보여주는 이야기가 있습니다.

어느 작은 마을에 에밀리라는 젊은 예술가가 살고 있었습니다. 에밀리는 어릴 때부터 그림에 대한 열정이 있었고 유명한 화가가 되기를 꿈꿨습니 다. 하지만 마을의 다른 예술가들에 비해 타고난 재능이 부족해 낙담하기 일쑤였습니다.

초기의 좌절에도 불구하고 에밀리는 자신의 예술적 열망을 추구하기로 결 심했습니다. 그녀는 노력과 헌신이 재능의 차이를 보완할 수 있다고 믿었 습니다. 그래서 그녀는 예술의 세계에 몰입하여 다양한 기법을 연구하고, 다양한 매체를 실험하고, 지칠 줄 모르는 연습을 거듭했습니다.

다른 예술가들은 타고난 재능이 있는 것처럼 보였지만 에밀리는 자신의 기술을 향상시키기 위해 더 많은 노력이 필요하다는 것을 알고 있었습니다. 그녀는 수많은 시간을 붓질을 연마하고, 빛과 그림자의 놀이를 관찰하고, 피사체의 본질을 포착하는 데 보냈습니다. 그녀는 멘토에게 피드백을 구하고 끊임없이 배우고 성장할 기회를 찾았습니다.

시간이 지나면서 에밀리의 노력은 결실을 맺기 시작했습니다. 그녀의 그림은 초기의 한계를 뛰어넘는 수준 높은 기술과 깊이를 보여주기 시작했습니다. 그녀는 독특한 스타일을 개발하여 미술 애호가들의 주목을 받기 시작했습니다. 갤러리에서 그녀의 작품을 전시하기 시작했고 그녀의 작품은 비평가들의 찬사를 받았습니다.

사람들은 에밀리의 변신에 놀라움을 금치 못했고, 재능이 부족하다고 인식되던 그녀가 어떻게 그런 성공을 거둘 수 있었는지 궁금해했습니다. 에밀리는 재능만으로는 충분하지 않다고 겸손하게 설명했습니다. 흔들리지 않는 헌신과 끊임없는 노력, 끊임없는 학습이 있었기에 초기의 한계를 뛰어넘어 자신이 항상 상상하던 아티스트가 될 수 있었습니다.

에밀리의 이야기는 노력이 재능을 능가할 수 있다는 교훈을 줍니다. 재능이 앞서 나갈 수는 있지만, 진정으로 차이를 만드는 것은 꾸준한 노력과 인내, 성장에 대한 헌신입니다. 노력은 재능보다 중요하다는 철학을 받아들임으로써 우리는 장애물을 극복하고 기대치를 뛰어넘으며 자신의 삶에서 놀라운 업적을 달성할 수 있습니다.

★☆★ 요점정리

자기계발에 있어 노력, 인내, 헌신의 가치를 강조합니다. 이 개념을 수용하면 성장 마인드, 회복탄력성, 숙달 추구가 촉진됩니다. 노력은 지속적으로 자신을 적용하고, 도전에 적응하며, 목표 달성을 위해 끈기 있게 노력할 수 있게 해주므로 장기적인 성공으로 이어집니다. 명확한 목표를 설정하고, 도전을 받아들이고, 절제력을 기르고, 좌절에서 배움으로써 잠재력을 극대화하고 부지런한 노력을 통해 지속적인 성장을 이룰 수 있습니다.

서른과 마흔 사이 인생의 전환점에서 나를 돌아 보다

하루 10분 인생 수업

초판 1쇄 발행 2023년 8월 20일

지은이 백미르
펴낸이 백광석
펴낸곳 다온길

출판등록 2018년 10월 23일 제2018-000064호
전자우편 baik73@gmail.com

ISBN 979-11-6508-531-5 (13320)